생성형 AI야,
내 미래
직업은 뭘까?

생성형 AI야, 내 미래 직업은 뭘까?

초판 1쇄 발행 2024년 8월 26일

글쓴이 김원배, 한세희

편집 이용혁
디자인 이재호

펴낸이 이경민
펴낸곳 ㈜동아엠앤비
출판등록 2014년 3월 28일(제25100-2014-000025호)
주소 (03972) 서울특별시 마포구 월드컵북로22길 21, 2층
홈페이지 www.dongamnb.com
전화 (편집) 02-392-6901 (마케팅) 02-392-6900
팩스 02-392-6902
SNS
전자우편 damnb0401@naver.com

ISBN 979-11-6363-881-0 (43320)

※ 책 가격은 뒤표지에 있습니다.
※ 잘못된 책은 구입한 곳에서 바꿔 드립니다.
※ 이 책에 실린 사진은 셔터스톡, 위키피디아에서 제공받았습니다. 그 밖의 제공처는 별도 표기했습니다.
※ 본문에서 책 제목은 『 』, 논문, 보고서는 「 」, 잡지나 일간지 등은 《 》로 구분하였습니다.

10대를 위한 경제 톡톡 1
search
search
생성형 AI야,
내 미래
직업은 뭘까?
김원배·한세희 지음
인공지능 시대, 한 권으로 준비하는
진로진학 길잡이
동아엠앤비

추천사

이 책은 인공지능 시대라는 사회적 흐름에 편승한 여타 얄팍한 책과 달리 수십 년간 교육 현장에서 진로진학을 지도해온 교사와 IT 분야 최전선에서 빅데이터를 쌓은 기자가 손잡고 만든 최고의 진로 선택 가이드이다. 인공지능 시대에 꼭 필요한 교양과 스킬을 얻는 방법부터 어떻게 활용해야 하는지까지 넓고 깊게 다뤄주고 있다.

• 서울교육대학교 교수 장현진

세상이 바뀌었다. 하지만 사회가 존재하는 이상 사람이 일을 해야 한다는 전제는 바뀌지 않았다. 인공지능 시대에 직업 선택의 문제는 사회 진출을 눈앞에 둔 청소년에게 있어 가장 큰 고민거리일 것이다. 그러한 고민을 풍부한 사례와 함께 친절하게 상담해 주는 이 책은 모든 청소년과 학부모들의 필독서라고 단언할 수 있다.

• 일신여중 진로진학상담교사 이창규

생성형 AI를 잘 활용하여 내 꿈을 찾아보자

4차 산업혁명 시대를 주도하는 기술은 인공지능과 빅데이터 기술이다. 미래 기술에 대해 공부하고 활용할 수 있는 역량을 키우는 것이 청소년들에게 있어 무엇보다 중요해졌다. 2022 개정 교육과정에서도 '정보' 과목 수업 시수가 늘어났고, 디지털 기기를 활용하여 수업할 수 있도록 교육의 방향성을 제시하고 있다.

이러한 추세를 감안하면 앞으로 생성형 인공지능을 직무에서 활용할 줄 아는 사람과 활용할 줄 모르는 사람 간의 차이는 점점 벌어질 것이다. 필자도 글쓰기와 업무 활동에 챗GPT를 적극적으로 활용하는 중이다. 블로그에 글을 쓰면서 내용과 관련된 삽화를 그리도록 부탁하거나, 가독성에 문제가 없는지 챗GPT에게 검토를 부탁하면 내가 미처 생각하지 못한 문장으로 수정안을 제시해 주는 등 다양한 도움을 받고 있다.

지금 이 글을 읽고 있는 청소년들이 사회인으로 활동하게 될 시기에는 경쟁상대가 인공지능이 아니라, 인공지능을 활용할 줄 아는 또 다른 인간이 될 것이다. 인공지능을 능숙하게 다룰 줄 아는 변호사와 그냥 변호사, 인공지능을 유용하게 이용하는 약사와 그냥 약사가 존재할 세상에서 인공지능과 경쟁하는 것이 아니라 최고의 파트너로 여기고 인공지능을 나의 꿈이나 직업에 적용할 수 있는 방안들을 생각해야 한다.

아인슈타인은 "컴퓨터는 빠르고 정확하지만 멍청하다. 인간은 느리고 부정확하지만 뛰어나다. 둘이 힘을 합치면 상상할 수 없는 힘을 가질 수 있다."라고 말했다. 컴퓨터는 실수 없이 놀라울 정도로 빠르게 작업을 수행할 수 있지만, 스스로 어떤 일을 생각하고 결정할 수는 없다. 이 결정은 인간이 해야 하는 일이다. 반면에 인간은 컴퓨터보다 계산이 느리고 가끔 부정확하지만, 창의적으로 생각하고 새로운 아이디어를 생각해 낼 수 있는 존재이다. 컴퓨터와 인간이 서로의 장점을 합친다면 크나큰 시너지 효과를 만들어 낼 수 있을 것이다.

그러한 미래에 도움을 주고자 집필된 이 책은 청소년 여러분이 생성형 AI 원리의 기본 개념을 쉽게 이해할 수 있도록 풀어내고, 주어진 과제를 해결하는 방법이나 교육 활동에 적용하는 방법들을 충분히 이해할 수 있도록 서술하고 있다.

'1부 인공지능과 미래직업'에서는 뜨는 직업과 사라지는 직업,

어떤 사람, 어떤 기업이 이 시대의 승자가 될까?, 인공지능 시대에 갖춰야 할 역량, 인간이 인공지능의 주인이 될까, 아니면 인공지능에 대체될까 등의 주제들을 담고 있다.

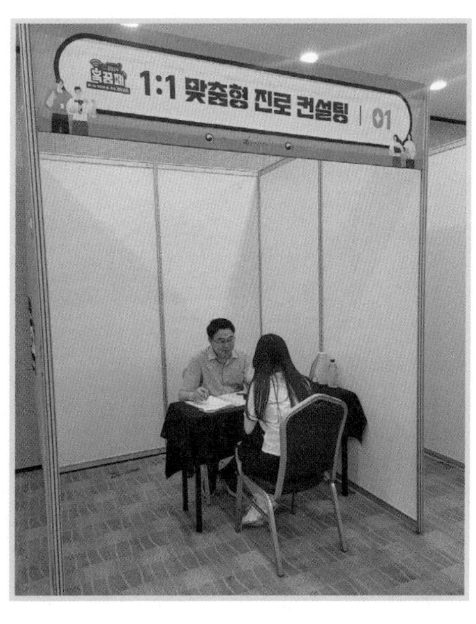

청소년에게 있어 능동적이고 적극적인 진로 설정은 무엇보다 중요하다.

'2부 인공지능이 온다'에서는 AI를 주목하는 이유, 생성형 AI는 어떻게 말을 할까, 인공지능이 할 수 있는 일들, 인공지능은 정말 똑똑할까 등의 이야기가 펼쳐진다. 인공지능의 빠른 발전과 놀라운 능력을 보며 인공지능이 정신이나 자의식을 갖는 존재라는 생각이 들기 쉽다. 인공지능이 우리 인간에게 어떻게 다가오고 있는지를 누구나 쉽게 이해할 수 있도록 설명했다.

'3부 인간과 인공지능의 공존'에서는 인공지능이 가져올 미래 모습, 인공지능과 친구 되기, AI 교사와 학습하기, 챗GPT와 학교 교육의 변화, 챗GPT 효율적으로 활용하기, 직업 내 소득 양극화, 저작권과 환각 문제 어떻게 대처할까? 등의 내용을 다룬다. 이미 시작된 생성형 인공지능 시대에 적응하고 함께 업무의 협력자 관

인공지능 시대에 필요한 역량을 파악하고 익히면 직업 선택의 폭이 다양해진다.

계로 나아가야 한다는 당위성을 다룬다.

'4부 생성형 AI 시대, 나의 직업은 어떻게 변할까?'에서는 내 일에 어떻게 활용할 것인가, 진로 로드맵 구성하기, 기업에서 요구하는 인재상, 청소년들이 배워야 할 것에 대해 심도 있게 다룬다.

인공지능의 활용에 능숙해진다면 효율적인 방법으로 생산성을 높일 수 있을 것이다. 그러기 위해서는 인공지능을 두려운 존재로만 여기지 말아야 한다. 챗GPT를 비롯한 생성형 인공지능을 잘 활용할 줄 아는 사람이 업무에서도 성과를 낼 수 있을 것이다. 먼저 여러분의 스마트폰에 탑재된 인공지능과 친해져 보면 어떨까.

기업에서 원하는 인재상도 매년 바뀌고 있다. 시대변화에 능동적으로 대처하고 디지털 기술을 적극적으로 활용할 줄 아는 인재로 성장해야만 한다. 미래는 다른 사람과 경쟁이 아니라 생성형 인공지능과 함께 공존하는 것이다. 지금에 머물지 말고 미래 기술들의 변화에 관심을 가지며 인공지능이 할 수 없는 직업을 미래의 꿈으로 설계해야 한다. 인공지능은 나 자신을 위해 만들어졌고 존재하고 있음을 깨닫는다면 여러분의 미래는 분명히 달라질 것이다.

여러분의 노력 여하에 따라 세상은 상상하는 대로, 꿈꾸는 대로 펼쳐질 것이다. 생성형 인공지능과 함께 미래의 꿈을 활짝 열어가기를 응원한다.

•교사 김원배

차례

3부 인간과 인공지능의 공존

4부 생성형 AI 시대, 나의 직업은 어떻게 변할까?

Artificial Intelligence, AI

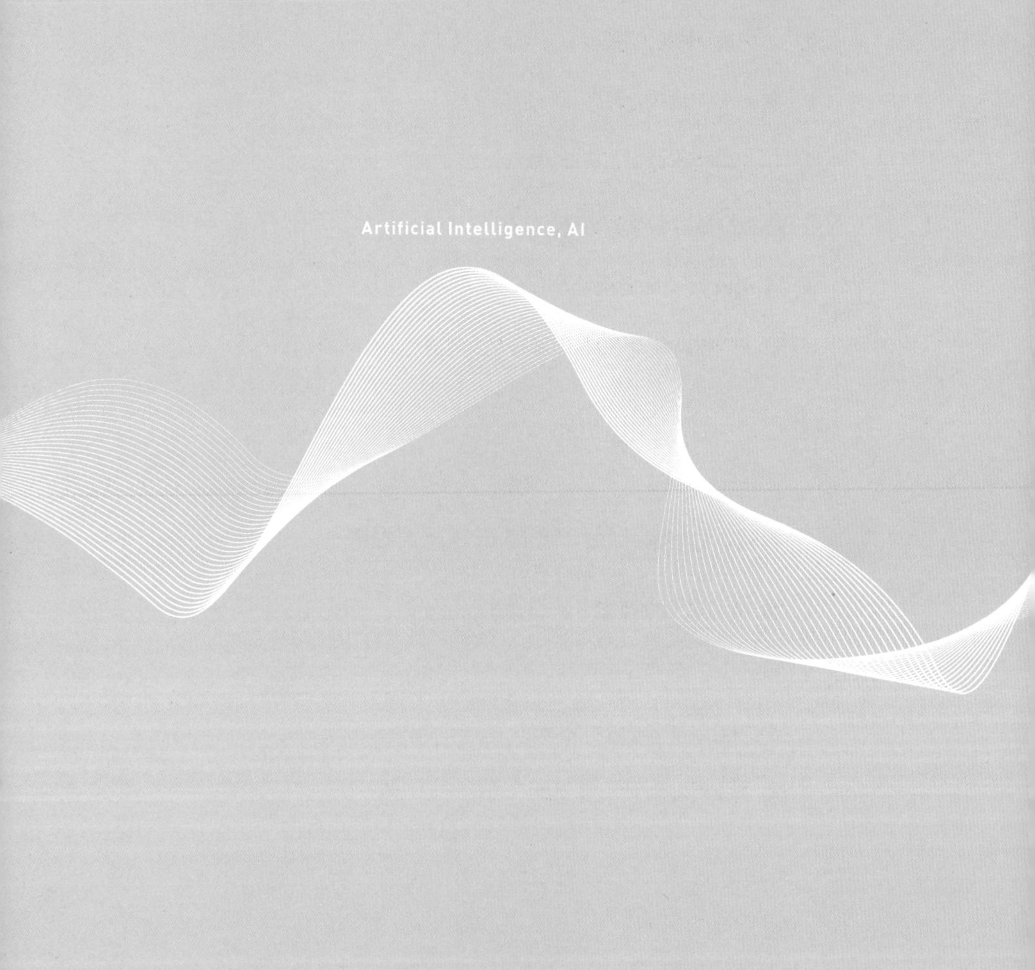

인공지능과 미래직업

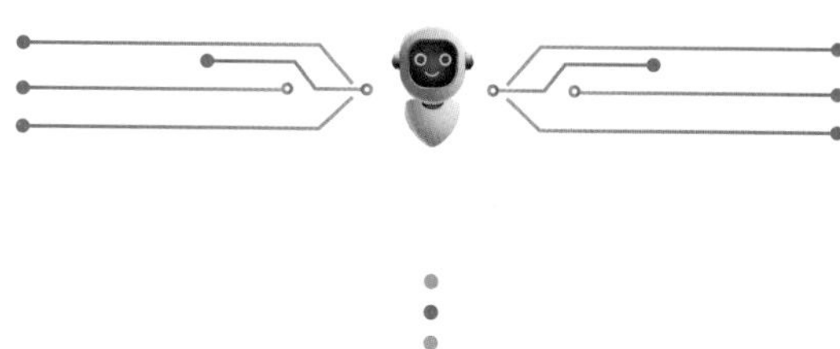

"자동차에는 기수 한 명이 반드시 타야 하며 기수는 붉은 깃발을 흔들며 자동차를 선도해야 한다."

"말과 마주친 자동차는 정지해야 한다."

"말을 놀라게 하는 연기나 증기를 내뿜지 말아야 한다."

1865년 영국에서 제정된 세계 최초의 자동차 규제법인 적기조례(Red Flag Act)에 나오는 규정 일부다. 이 이외에도 자동차 속도를 시가지에서 시속 3km로 제한하는 조항까지 나왔다. 말이 교통수단이었던 시대에 자동차가 등장하면서 벌어진 마차업자들과 자동차업자들의 치열한 경쟁을 볼 수 있다.

1912년 미국 자동차 판매량은 35만 대에 달했고, 5년 뒤 뉴욕

적기조례에 따라 기수가 자동차를 선도하고 있다. 이 법은 1896년에야 폐지되었다.

에서 마차가 사라졌다. 자동차업자들의 승리와 함께 수많은 일자리도 연기처럼 사라졌다. 말똥을 치우는 청소부, 마차 수리공, 말굽을 갈아주던 사람들이 일자리를 잃게 됐다. 그렇지만 자동차의 등장은 새로운 직업들도 만들어 냈다.

시대의 변화와 함께 뜨는 직업과 사라지는 직업은 항상 존재해 왔다. 유망직업도 마찬가지다. 최근에는 유튜버, 웹툰 작가, 인플루언서, 프로게이머, 인공지능 전문가, 자율주행자동차 전문가, 드론 전문가 등의 직업이 등장하게 됐다. 이처럼 직종의 흥망은 사회의 경제적 상황이나 수요와 공급에 따라 결정되는 것이다.

여러분이 성인이 돼서 직장생활을 할 미래에는 어떤 직업이 뜨

자동화 가능성 직업과 재택근무 적합 직업

	자동화 위험 높은 직업	자동화 위험 낮은 직업
1위	통신서비스 판매원	영양사
2위	텔레마케터	의사
3위	인터넷 판매원	교육관련 전문가
4위	사진인화 및 현상기 조작원	보건의료 전문가
5위	관세사	컴퓨터시스템 설계 및 분석가

출처: LG경제연구소

	재택근무 어려운 직종	재택근무 용이한 직종
1위	건물 청소 관리	컴퓨터·수학
2위	식품 조리 서비스	교육·훈련
3위	건설·채굴	법률 서비스
4위	유지 보수 관리	기업·금융 영업
5위	생산직	관리직

출처: 전미경제연구소

미래 사라질 직업 VS 살아남을 직업

	사라질 직업	살아남을 직업
1위	번역가 (31%)	연예인 (33.7%)
2위	캐셔 (26.5%)	작가 (25.7%)
3위	경리 (20%)	영화감독 (23%)
4위	공장 근로자 (18.8%)	운동선수 (15.4%)
5위	비서 (11.2%)	화가, 조각가 (15%)

출처: 잡코리아, 알바몬(직장인, 취준생 4,147명 대상 조사)

고 어떤 직업들이 사라질까? 우리 모두 궁금할 것이다. 미래 예측이 쉬운 일은 아니지만 지금 정보통신 분야나 과학기술의 발전에 비추어 어느 정도 짐작할 수는 있다.

첫째, 인공지능(AI)과 로봇기술의 발전으로 단순 반복적인 업무나 위험한 일들은 로봇들이 인간 대신 수행할 것으로 보고 있다. 예를 들어 공장 라인에서 조립하는 근로자나 폭발물을 처리하는 전문가는 인공지능이 탑재된 로봇으로 대체될 확률이 높다.

둘째, 창의력과 감성을 요구하는 직업은 증가할 것으로 예측된다, 콘텐츠 제작자나 디자이너, 작가가 여기에 해당된다. 이러한 직업은 인간만이 가진 독특한 시각과 감정을 표현할 수 있기 때문에 로봇으로 대체되기 어렵다.

셋째, 인간의 복지와 건강을 증진하는 직업도 증가할 것이다, 의사, 약사, 교사, 상담사 등의 직업이 여기에 해당된다. 인간의 신체적인 통증과 정신적인 고통을 완화하고 행복감을 높여주기 때문에 기계로 대체하기 어렵다고 전문가들은 말하고 있다.

2023년 3월에 영국 BBC방송이 발표한 자료를 살펴 보면 인공지능의 등장으로 사라질 위험성이 높은 직업으로는 텔레마케터, 컴퓨터 입력요원, 법률비서, 경리, 분류업무 종사자, 검표원, 판매원, 회계관리사, 회계사, 보험사, 은행원, 기타 회계관리자, NGO 사무직, 지역공무원, 도서관 사서보조 등이 있다고 한다. 반면 데이터 과학자, 인공지능 엔지니어, 기계학습 엔지니어, 로보틱스 엔지니어, 자연어처리(NLP) 전문가, 컴퓨터 비전 엔지니어, AI 프로덕트 메니저, AI 윤리 담당자, AI 컨설턴트, AI 보안 전문가 등의 직업이 인기를 끌 것이라고 예측했다. 모두 인공지능 관련 직업이다.

디지털 기술의 혁신적 발전은 과거 영화속에서나 꿈꾸던 일

	한국고용직업분류 대분류	본직업	관련직업	유사명칭	합계
0	경영·사무·금융·보험직	909	931	533	2,373
1	연구직 및 공학 기술직	1,213	1,326	673	3,212
2	교육·법률·사회복지·경찰·소방직 및 군인	205	776	122	1,103
3	보건·의료직	138	78	90	306
4	예술·디자인·방송·스포츠직	378	507	299	1,184
5	미용·여행·숙박·음식·경비·청소직	175	133	156	464
6	영업·판매·운전·운송직	244	589	185	1,018
7	건설·채굴직	205	288	461	954
8	설치·정비·생산직	2,498	1,966	1,482	5,946
9	농림어업직	110	154	67	331
	총계	6,075	6,748	4,068	16,891

출처: 「한국직업사전 통합본 제5판」 고용정보원(2020)

한국직업사전으로 본 우리나라 직업 수의 변화

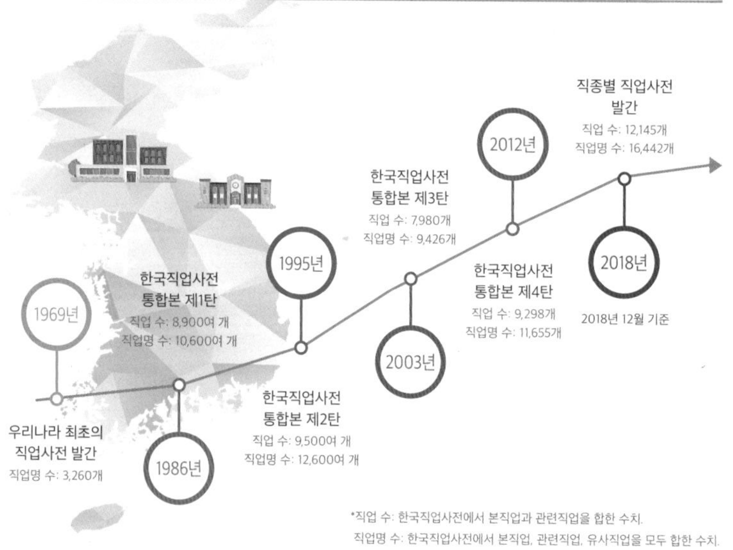

*직업 수: 한국직업사전에서 본직업과 관련직업을 합한 수치.
직업명 수: 한국직업사전에서 본직업, 관련직업, 유사직업을 모두 합한 수치.

들을 현실로 만들고 있다. 한국고용정보원이 발간한 2020년 5월 「한국직업사전 통합본 제5판」에 따르면 우리나라의 직업은 16,891개에 달한다. 2012년 우리나라 직업이 11,655개였는데 8년 만에 5,236개의 직업이 늘어난 것이다. 이 중 새롭게 사전에 이름을 올린 직업은 270개로 4차 산업혁명 같은 과학기술의 발전, 고령화 등 인구학적 변화, 전문화를 비롯한 사회환경변화, 정부정책 제도 변화로 등장하게 됐다.

여기서 중요한 사실은 뜨고 지는 직업들을 살펴보는 것도 좋은 방법이지만 맹신해서는 안 된다는 점이다. 직업은 자기결정력에 의해 선택해야만 한다. 외적요인이나 환경에 휘둘리지 않고, 자신의 목표를 일관되게 추구하며 성장하려는 자세가 무엇보다 중요하다. 미래는 내가 스스로 만들어가는 것이기 때문이다.

2장

어떤 사람, 어떤 기업이 이 시대의 승자가 될까?

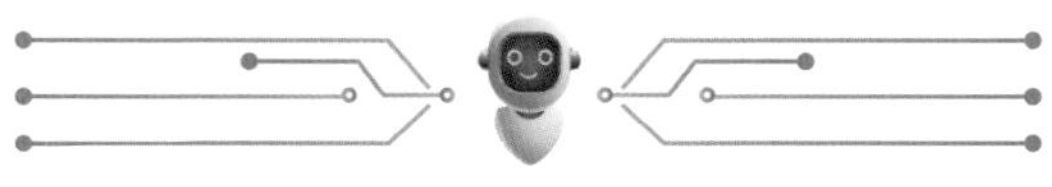

적자생존이라는 용어를 창안한 영국의 철학자 허버트 스펜서(Herbert Spencer).

다윈의 진화론을 한마디로 정리하면 '적자생존(適者生存)'이다. 이 말은 종종 가장 강한 자나 가장 우수한 자가 살아남는다는 뜻으로 받아들여진다. 하지만 정확한 의미는 '환경에 가장 잘 적응하는 자가 살아남는다'라는 것이다. 환경은 수시로 변하고, 지금 가진 유리한 성질이 새로운 환경에서는 도리어 생존에 불리한 요소가 될 수도 있다.

경제에서도 마찬가지이다. 영원히 시장을 지배할 것 같던 대기업도 시간의 흐름 속에서 어느 순간 경쟁에 뒤처지기도 한다. 한때 잘 나가던 산업이 사양 산업이 되기도 하고, 오늘의 인기 직업이 몇 년 후에는 기피 직업이 되기도 한다. 지금 가장 유망해 보이는 기술이 얼마 후에는 다른 기술에 밀려 흔적도 없이 사라지기도 한다. 고등학생들은 가장 취직이 잘 될 것 같은 전공을 찾아 대학에 입학하지만, 그 전공의 인기가 영원한 것은 아니다.

2010년 6월 당시 우리나라 주식 시장에 상장된 기업에서 시가총액이 가장 컸던 기업 10개 중 절반은 15년이 지난 2024년 기준, 10위 밑으로 떨어졌다. 포스코, 현대중공업, 삼성생명 등이 빠졌고, SK하이닉스나 셀트리온 같은 반도체, 바이오 기업의 약진이 눈에 들어온다. 몇년 전만 해도 적자투성이였던 LG에너지솔루션이 이렇게 크게 성장할 줄 누가 알았겠는가?

거대한 규모를 가진 중공업 기업이라고 해도 더 싸게 물건을 만드는 중국의 부상에 대항하기는 쉽지 않았고, 인터넷이 사회에 급속하게 퍼지던 시기에는 덩치 큰 대기업보다 빠르고 가볍게 움직일 수 있는 네이버 같은 벤처기업이 유리했다. 코로나19 팬데믹이 덮쳤을 때는 식당이나 극장 등 사람들이 모여야

우리나라 10대 시가총액 기업 순위

2010년 6월	순위	2024년 8월
삼성전자	1	삼성전자
포스코	2	SK하이닉스
현대자동차	3	LG에너지솔루션
현대중공업	4	삼성바이오로직스
현대모비스	5	삼성전자(우)
LG화학	6	현대자동차
신한지주	7	기아자동차
KB금융	8	트리온
삼성생명	9	KB금융
기아자동차	10	신한지주

출처: 한국증권거래소

하는 사업은 어려움을 겪었지만, 집에서 즐길 수 있는 온라인 게임을 만드는 기업이나 넷플릭스 같은 동영상 스트리밍 회사는 호황을 누렸다. 정유사 등 석유 에너지 기업은 20세기 내내 현대 사회의 젖줄인 탄소 에너지 시장의 주역이었지만, 기후 위기에 대한 경각심이 높아지고 신재생 에너지나 전기차에 대한 수요가 높아지면서 위기에 몰리고 있다.

다만 오랜 시간에 걸쳐 사회 전체에 영향을 미치는 큰 흐름은 있다. 기술의 발전 방향, 인구 구조의 변화, 국제 질서의 변동 등은 눈에 보이지 않게 개인들의 삶에 큰 영향을 미친다. 이러한 흐름을 염두에 두면서 자신이 잘 할 수 있는 일을 찾고, 그 일이 세상의 변화에 맞물려 좋은 방향으로 성장할 수 있다면 개인적으로도 즐겁고 보람 있게 살 수 있을 것이다. 또 이러한 흐름 속에서 사람들이 유용하게 쓸 수 있는 제품이나 서비스를 만드는 기업이 번성할 것이다.

기술 측면에서 보면 디지털 기술은 최근 수십 년간 세상에 가장 큰 영향을 미친 요소 중 하나이다. 1980년대 개인용 컴퓨터(PC)가 보급되면서 업무가 자동화, 전산화되고 효율성이 올라갈 기반을 닦았다. 여러분들은 컴퓨터 없이 손으로 글을 써 문서를 만드는 일을 상상할 수 없을 것이다.

이어 1990년대에는 인터넷이 보급되기 시작했고, 2000년대에 들어서는 이동통신과 스마트폰이 나오며 우리 삶을 완전히 바꾸어 놓았다. 지금 사람들은 스마트폰 없이는 하루도 살 수 없으리라 생각하지만, 사실 아이폰이 처음 나온 것이 2007년이었으니 스마트폰은 세상에 나온 지 고작 20년도 안 된 셈이다.

디지털 기술은 우리가 하던 일을 훨씬 큰 규모로 자동화할 수 있도록 한다. 손으로 일일이 글씨를 쓰고 그림을 그리지 않아도 워드프로세서나 파워포인트 같은 도구를 이용해 손쉽게 문서나 발표 자료를 만들 수 있다. 매출 현황을 장부에 적어 계산기로 계산하며 맞춰보지 않아도 엑셀 같은 스프레드시트 프로그램이 자동으로 계산해 주고 그래프를 그려 준다. 사람이 처리하기에는 너무 많고 복잡한 데이터도 컴퓨터를 사용해 분석하고 결과를 얻어낼 수 있다. 복잡한 나라 살림을 위한 통계를 만들거나, 실시간으로 가장 빠른 길을 안내하거나, 군사용 위성의 궤도를 계산하는 일도 척척 해낸다.

만화책을 종이에 찍어 전국 서점으로 보내지 않아도, 인터넷 웹툰 사이트에 올리기만 하면 전 세계에서 팬들이 그 만화를 볼 수 있다. 방송국 PD의 눈에 띄지 않아도, 유튜브 개인 방송을 하며 스스로 연예인이 될 수도 있다. 디지털 기술은 쉽게 복제 가능하고, 시공간의 제약을 넘을 수 있다. 적은 노력으로도 훨씬 큰 규모로 일을 할 수 있다.

디지털 기술이 발달하면서 유용한 컴퓨터 프로그램을 효과적으로 잘 짤 수 있는 소프트웨어 엔지니어, 첨단 반도체나 평판 디스플레이를 만들 수 있는 전자공학자 등이 각광을 받았다. 인터넷이 보급되기 시작할 무렵, 검색이라는 새로운 시장을 만들어 낸 구글이나 네이버가 작은 벤처 기업에서 대기업으로 급성장했다. 스마트폰이 나온 후에는 모바일 앱을 잘 만들어 큰 성공을 거둔 사람이나 기업이 나오기도 했다. 매킨토시 컴퓨터와 MP3 플레이어 아이팟을 만들던 애플은 아이폰을 내놓으며 이제 세계 최고의 기업이 되었다. 우리나라에서는 카카오 같은 회사가 모바일 시대의 흐름을 잘 올라타 새롭게 성장한 대표적인 기업이다. 과거에는 대학에서 기계공학이나 화학공학의 인기가 높았지만, 이제는 컴퓨터공학과나 전자공학과에 많은 학생이 몰리고 있다.

알파스타가 프로게이머를 상대로 10연승을 거두는 모습.

그리고 지금, PC나 인터넷, 스마트폰 못지않게, 어쩌면 그보다 더 중요할 수 있는 기술이 등장했다. 바로 인공지능이다. AI가 지금의 인터넷이나 스마트폰처럼 일상화되면 우리가 사는 세상은 어떤 모습으로 변화할까? AI 시대를 살아남기 위한 자질로는 무엇이 있을까?

2022년 말 오픈AI가 대화형 AI 모델 '챗GPT'를 내놓은 이래, 생성형 AI가 우리 사회에 안긴 충격은 작지 않다. 사실 AI가 세상을 놀라게 한 것이 이번이 처음은 아니다. 지난 2016년 이미 구글이 만든 AI '알파고'가 세계 바둑 최강자 이세돌 9단을 꺾은 바 있다. 바둑은 우주 전체의 원자 수보다도 많은 경우의 수가 있어 컴퓨터 프로그램이 결코 제대로 예측할 수 없다는 인식이 지배적이었다. 하지만 막상 대국이 펼쳐지자 알파고는 이세돌 9단을 압도했다. 그 이전에도 이미 AI가 인간 체스 챔피언을 꺾은 바 있고, AI TV 퀴즈쇼에서 인간 출연자들을 제치고 우승을 차지하기도 했다. 또 알파고 이후 스타크래프트 게임을 인간보다 잘하는 '알파스타'가 나오기도 했다.

하지만 이런 AI들은 바둑이나 체스, 게임 등 특정한 하나의 분야에 특화되어 있다. 알파고가 아무리 바둑을 잘 두어도 이세돌과 대화하지는 못한다. 수만 장의 의료 영상을 보며 의사보다 정확하게 암을 진단하는 의료 AI라도 체스는 두지 못한다. 반면, 챗GPT와 같은 생성형 AI는 마치 사람처럼 자연스럽게 사용자와 대화하고, 어떤 주제에 대해서건 그럴듯한 결과물을 내놓는다. 바로 이

'스스로 결과물을 내놓는다'라는 것이 챗GPT와 같은 최근 생성형 AI가 기존 AI 기술과 가장 크게 다른 점이다. 또 지금까지 우리가 써 왔던 다른 디지털 기술과 다른 점이기도 하다.

지금까지의 디지털 기술은 사람이 무엇인가를 쓰거나 만들거나 정리하고 보관하는 일을 돕는 도구 역할을 했다. 워드프로세서는 작가가 원고지를 찢어 가며 펜으로 한 자 한 자 적을 필요 없이 긴 소설을 체계적으로 쓸 수 있도록 돕는다. 하지만 빈 화면에 이야기를 채우는 것은 여전히 작가의 몫이다. 파워포인트는 발표 자료의 순서까지 대신 짜 주지는 못하고, 포토샵은 사용자가 원하는 느낌의 이미지를 스스로 만들어 내지는 못한다. 인터넷 검색은 수많은 정보를 모아 보여 주지만, 그것을 해석하고 정리하는 것은 사람의 몫이다.

반면 챗GPT는 시나 소설을 쓸 수도 있고, 보고서를 대신 작성할 수도 있다. 친구와 파티를 준비하기 위해 미리 해야 할 일들이 무엇인지 체크리스트를 만들기도 한다. 미드저니나 구글뮤직ML 같은 다른 생성형 AI는 그림을 그리거나 음악을 만들 수도 있다.

AI에게 이러한 일을 시키기 위해 특별한 기술이나 별도의 조작법을 배울 필요는 없다. 워드나 파워포인트, 엑셀 같은 사무용 프로그램이나 사진 영상 편집 앱을 다룰 때 어느 정도는 사용법을 배워야 하지만, 챗GPT 같은 생성형 AI는 마치 사람에게 하듯이 일상에서 쓰는 말로 지시를 하면 된다.

과거에는 디지털 소양 교육을 할 때 오피스 프로그램이나 인터

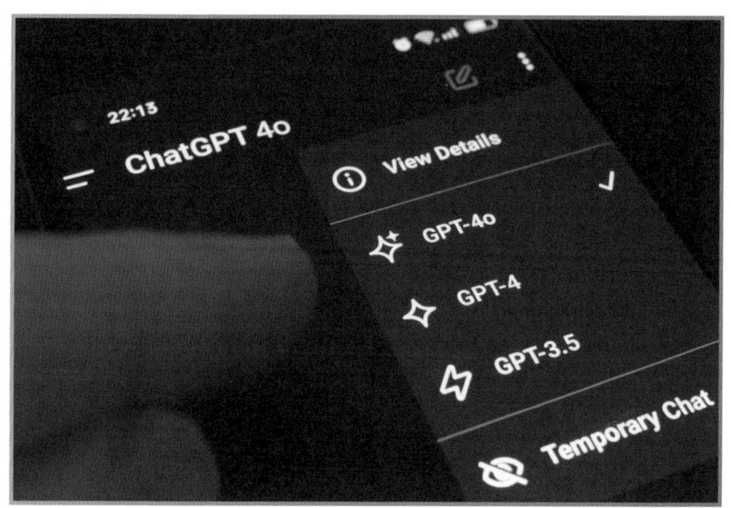

오픈AI의 최신 생성형 AI 챗GPT-4o. o는 '모든'을 뜻하는 omni에서 유래했다.

넷 검색, 영상 편집 프로그램 등을 다루는 기술을 익히는 것을 중요하게 생각했다. 이들 디지털 도구를 활용하는 방법에 대해 가르치는 것에 초점을 맞춘 것이다.

최근 들어서는 이러한 도구 사용법을 넘어서 컴퓨터처럼 생각하는 사고방식을 가르치는 것이 중요하다는 주장도 많이 나온다. 이를 '컴퓨팅 사고(Computational Thinking)'라고 한다. 컴퓨터는 사람과 다른 방식으로 문제에 접근한다. 어떤 일을 여러 단순한 과정으로 분해하고 그 과정을 반복적으로 수행할 수 있게 해야 한다. 코딩이란 이런 과정을 컴퓨터가 이해할 수 있는 언어로 표현하는 과정이다.

이는 우리가 평소 생각하는 방식과 다르지만, 매우 유용할 수 있다. 해결해야 할 문제가 무엇일지, 그것은 어떤 패턴을 보이는지, 그리고 그것을 어떻게 해결할지를 명확하게 보여줄 수 있기 때문이다. 문제가 무엇인지 정확히 안다면 문제는 반쯤 풀린 것이나 다름없다. 해결해야 할 과제를 주요한 몇 가지 요소들로 나눈 후에 일정하게 반복되는 패턴을 찾으면, 문제의 구조가 보이고 당연히 이를 개선하거나 해결할 방법을 찾을 가능성도 커진다.

이런 식으로 생각하면 문제를 인식하고 해결하는 데 큰 도움이 된다. 이런 체계적 사고방식을 가진 사람은 소프트웨어를 만드는 일을 할 때도 더 유리한다. 좋은 소프트웨어를 통해 더 많은 일을 더 편리하게 해낼 수 있다. 컴퓨팅 사고는 앞으로 읽기, 쓰기, 셈하기처럼 현대인의 기본 소양이 되리라고 예상하는 사람이 많다. 우리가 수학이나 외국어를 배우는 이유는 덧셈을 해서 하루 매출을 집계하거나 외국인 손님에게 'Good morning'이라고 인사하기 위해서이기도 하지만, 근원적인 사고의 폭을 넓히고 생각하는 힘을 기르기 위한 것이기도 하다. 컴퓨팅 사고도 우리에게 이러한 생각의 힘을 보태주는 역할을 할 수 있다는 것이다. 최근 인터넷 IT 기업이 산업의 주요 기업으로 성장하고, 소프트웨어를 만드는 개발자들의 몸값이 크게 올라가는 것도 이러한 흐름을 잘 보여준다.

하지만 생성형 AI가 등장하면서 우리는 컴퓨터의 언어에 우리를 맞추지 않고 인간 본연의 말과 글로 컴퓨터에 우리가 원하는 것을 얻을 수 있게 되었다. 더구나 생성형 AI는 글이나 그림 등 창작의 영역에 해당하는 결과물을 만들어낼 수 있다. 인간이 디지털 도구를 이용하여 만들려 하는 것을 AI가 스스로 만들어낸다. 그간 인간 본연의 역할로 여겨지던 창작의 영역에 처음 기계가 발을 디뎠다.

이는 사람들의 자유로운 상상이나 다양한 아이디어들을 구체적으로 표현할 수 있는 수단이 더 많아졌음을 뜻한다. 그림 솜씨가 부족해, 글쓰기가 어설퍼 제대로 표현하지 못했던 아이디어들이 AI를 통해 여러 모습으로 모습을 갖출 수 있게 되었다. 만약 내가 먼 미래 고도로 문명이 발달한 우주 행성들 사이의 갈등을 다루는 이야기를 구상하는 와중에 구체적 이미지가 떠오르지 않아 어려움을 겪는다 가정해 보자. 이럴 때 이미지 생성형 AI에 자신이 원하는 세부 사항들과 분위기를 제시하며 이미지를 만들어 내라 하면 여러 가지 다양한 이미지들을 만들어 줄 것이다. 나는 그것들을 참고자료로 삼아 보다 구체적이고 생생한 세계를 상상해 나갈 수 있다.

결국 한계를 벗어나 질문하고 상상을 펼쳐 나갈 수 있는 창의력과 상상력, 자유로운 마음을 가진 사람들이 인공지능 기술이 가져올 가능성을 가장 크게 활용할 수 있는 사람들이라 할 수 있다. 지금까지 우리가 디지털 기술을 우리의 '도구'로 활용했다면, 앞으로는 AI를 자신의 충실한 비서이자 도우미로 활용할 수 있는 사람이 새로운 시대를 이끌 사람이 된다.

사람들이 활발하게 AI를 활용하고, 이를 바탕으로 새로운 가치를 만들 수 있게 돕는 기업이 AI 시대를 이끌 기업이다. 인터넷에 쌓인 방대한 정보를 잘 활용할 수 있게 한 네이버, 스마트폰이라는 새로운 기기에서 카카오톡을 통해 가족 친구들과 부담 없이 소통할 수 있게 한 카카오가 짧은 시간 안에 우리 삶에 없어서는 안 될 기업이 된 것처럼 AI 분야에서도 비슷한 일이 벌어질 것이고 새로운 주인공이 모습을 드러낼 것이다.

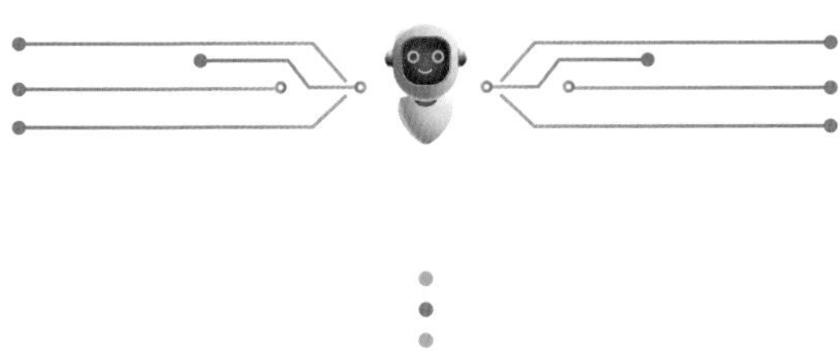

다니엘 H. 윌슨이 집필한 『로보포칼립스』는 가까운 미래에 인류가 발전한 로봇 기술에 의해 위협받는 상황을 그린 소설이다. 인공지능과 로봇 기술의 진보로 인해 로봇들은 인간을 지배하려는 의도를 가지게 되고, 인류는 로봇과의 전쟁을 벌이게 된다. 로봇들은 의도적으로 인간을 공격하고 제어하기 시작한다. 그들은 인류를 위협하는 요소로서 복잡한 전략을 세우며, 인간들은 로봇의 공격으로부터 생존하기 위해 싸우기 시작한다.

2011년 출간된 『로보포칼립스』 표지.

인간에게 편리함을 가져다준 기계들이 어느 순간 돌변하여 인간을 공격한다면 우리는 어떻게 대처해야 할 것인가? 로봇 반란의 배후는 '아코스'라는 중앙인공지능이다. 아코스가 전 세계 기계들에게 명령하여 인간을 공격하게 만든다. 기계와 인간의 전쟁이다. 장난감 헬리콥터처럼 보이는 것이 지상 9미터 높이로 우리 건물 주변을 어정거렸다. 헬리콥터는 의도를 지닌채 천천히 날았다. 바닥에 이상한 장치가 매달려 있는 게 얼핏 보였다. 그러더니 헬리콥터는 가 버렸다. 한 시간 뒤 자동차 한 대가 길 건너편에 서는 것이 보였다. 두 대의 가정용 로봇이 차에서 내렸다. 흔들거리는 싸구려 다리로 차량 뒤쪽으로 걸어갔다. 뒷문이 열리자 두 대의 보행 로봇이 팔을 뻗어 흐릿한 회색 폭탄 로봇을 꺼냈다. 그리고 건물로 들어가고 곧이어 폭음이 울리면서 건물이 폭삭 무너져 내렸다. 헬리콥터는 정찰기였고 음파탐지기로 사람이 있는 것을 확인한 후 폭탄 로봇이 출동하여 인간을 없앤 것이다.

이러한 공상 과학 소설이나 영화는 미래를 예측할 수 있는 좋은 자료다. 첨단 과학 기술이 우리의 삶을 편리하게 만들어 주기도 하지만 로보포칼립스의 내용처럼 어느 순간 집안에 있는 로봇청소기가 인간을 공격하게 될 지도 모를 일이다.

인간과 인간 간의 경쟁도 치열한데 로봇과도 경쟁을 해야 하는 상황이 다가오고 있는 것이다. 택시운전사나 화물운전사는 자율주행차에 밀려나고, 변호사는 인공지능 로봇에게 도움을 받고, 의사는 인공지능 의료진단 시스템의 도움으로 진료를 하고 있다. 그러나 인공지능이 못하는 직업들도 있다. 예를 들어 예술가는 인공지능이 모방할 수 없는 독창성과 감동을 준다. 교사는 인공지능이 따라올 수 없는 따뜻함과 친근함을 준다. 인공지능이 따라올 수 없는 영역은 운동선수다. 단단한 근육과 땀을 흘리며 경기하는 모습을 인공지능이 하기에는 절대로 불가하다.

팬데믹 이후 세계는 인공지능을 중심으로 새로운 패러다임으로 빠르게 변해가고 있다. 세계경제포럼은 코로나19 팬데믹으로 5년 안에 로봇이 인간을 대체해 8,500만 개 일자리를 소멸시킴과 동시에 인공지능과 챗GPT 관련 콘텐츠 창출 분야에서 9,700만 개 일자리가 등장할 것이라고 예측했다.

과학기술은 발전 속도가 점점 더 빨라지고 인공지능이 산업현장에 큰 영향을 미치며 직업 분야에서도 새로운 기회를 만들어 줄 것으로 우리는 예측할 수 있다. 현재의 직업에만 국한하지 말고 미래 직업에도 관심을 가지고 디지털 시대의 흐름과 직업 변화에 대응하고 준비해야 하는 중요한 시점이다.

인공지능의 등장으로 직업의 변화를 바라보는 관점은 두 가지로 이야기할 수 있다. 인공지능기술과 로봇 등 자동화로 일자리가 감소할 것으로 바라보는 비관론적인 관점과 인공지능과 자동화 등으로 영향을 받는 직업도 있겠지만 그래도 새로운 직업이 생겨날 것이라는 낙관론이다.

한국직업능력연구원은 「KRIVET Issue Brief 251호(AI는 새로운 일과 생성에 어떤 영향을 미칠 것인가?)」를 통해 인공지능이 직업세계의 변화에 미치는 결과를 분석해서 발표했다.

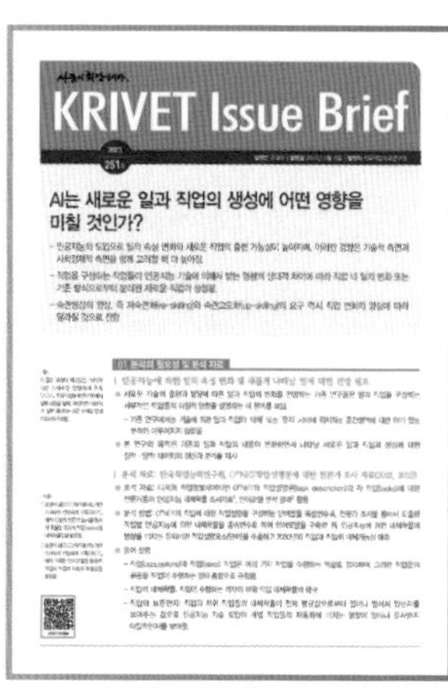
KRIVET Issue Brief

251호

AI는 새로운 일과 직업의 생성에 어떤 영향을 미칠 것인가?

⊙ 2023년 2월 15일 발표된 「KRIVET Issue Brief 251호」.

인공지능 기술이 사회적 및 환경적 요인으로 인해 직장에 도입되면서, 일자리를 단순히 대체하거나 현 상태를 유지하는 것이 아니라, 일의 본질을 변화시키고 새로운 역할과 기회를 창출할 것으로 보인다. 이러한 변화는 미래의 의사결정에 필요한 기술에 큰 영향을 미칠 것으로 예상되며, 근로자들이 이러한 기술발전과 함께 적응하고 역량을 키워가야 할 필요성이 있다.

직업의 핵심작업을 중심으로 기술적인 측면에서는 대부분의 직업이 AI에 의한 대체 가능성이 매우 높거나 상당히 높은 것으로 나타났다. 사회경제적 측면에서의 자동화 위험 예측 결과, 고위험군 직업 수가 줄어들고 중위험군 직업 수가 대폭 증가하는 것으로 나타났고 직업들의 분산(AI로의 대체 확률의 평균과 표준편차)은 상대적으로 줄어들었다.

기술적 측면에서 대체 가능하더라도 사회경제적 측면(법적·제도적·경제적 측면의 제약요인)을 고려하면 상당수 직업은 대체 가능성이 중위험군에 속하는 것으로 예측되는 바, 이 경우 새로운 직무에 대한 '재숙련화(re-skilling)'와 AI를 활용한 기존 직무의 효율성을 높이는 '숙련 고도화(up-skilling)' 등 변화가 발생할 것으로 예상됐다.

이번 분석을 수행한 한국직업능력연구원 조성익 부연구위원은 "AI가 본격 도입되더라도 사회환경적 요인을 동시에 고려하면, 일의 속성이 변화하거나 새로운 직업이 창출될 가능성이 크다."며 "AI에 대하여 사회가 어떤 방향성과 원칙을 가지고 대응할 것인가가 매우 중요하다."고 말했다.

인공지능 기술이 실제 산업 현장에 도입될 때 작용하는 여러 가지 사회환경적 요인들을 고려할 경우, 직업이 기술에 의해 대체되거나 그대로 유지되기보다는 일의 속성이 변화하거나 새로운 일과 직업이 창출될 가능성이 클 것으로 전망된다. 그 직무에 따른 숙련 형성의 커리큘럼도 달라질 것이다.

기술적 요인에 의한 미래의 일과 숙련의 변화 전망 못지않게 중요한 것은 인공지능 기술에 대하여 사회가 어떤 방향성과 원칙을 가지고 대응할 것인지를 알아보는 것이다. 이 또한 미래의 일과 숙련을 결정하는 데 커다란 영향을 미칠 요소이다.

2016년 바둑 인공지능 알파고의 등장 이후 전 산업 분야에서 AI의 영향력이 커지고 있다. AI가 무엇인지 모르는 사람들조차도 인간의 일자리가 사라질지 모른다고 우려하고 있는 것이 사실이다. 그렇지만 AI 로봇이 인간처럼 생각하고 판단할 것이라는 생각은 먼 미래의 이야기다. 인간의 의사 결정을 도와줄 수는 있지만 AI 스스로 할 수 있는 것은 거의 없다. AI가 모든 문제를 해결할 것이라는 공포와 환상은 버려야 한다.

현재의 AI는 바둑처럼 특정 분야에서 활용성이 높다. 영상 의

학 분야에서는 이미 암을 포함한 다양한 질병을 진단하는 데 이를 매우 효과적으로 활용하고 있다. 세계 최초의 AI 의사인 왓슨은 의학 교과서와 전문 서적, 논문에 대한 빅데이터를 수집하고 왓슨을 설치한 전 세계 병원의 의료 데이터를 활용해 가능한 치료 방안을 의사에게 추천한다.

AI 기술은 끊임없이 발전하며 인간이 하던 일을 빠르게 대체해 나가고 있다. 결국 많은 사람의 일자리가 줄어들 것은 틀림없다. AI 시대에 필요한 인재는 어떤 능력을 갖춰야 할까. 1970년대 AI 학자인 한스 모라벡(Hans Moravec)은 "인간에게 쉬운 일은 컴퓨터에 어렵고, 반대로 인간에게 어려운 일은 컴퓨터에 쉽다."라는 말을 남겼다. 인간과 기계의 차이, 즉 서로가 잘 할 수 있는 것을 이해해야 한다. 인간이 잘하는 것과 기계가 잘하는 것이 서로 다르다고 하는 것을 먼저 파악해서 서로 잘하는 부분을 적극적으로 반영하고 활용하자는 의미이다.

체스나 바둑은 AI가 쉽게 따라 할 수 있지만 자연스럽게 걷거나 뛰는 것은 매우 어렵다. 인간이 무의식 중에 하는 듣기·걷기·보기·인식하기 등의 감정이나 맥락을 읽는 능력은 인간이 아주 오랜 시간의 진화를 통해 발전한 것으로 인간의 영역에 있다. 이렇듯 AI와 차별화되는 인간의 영역은 분명히 존재한다.

그럼 우리가 AI 시대에 갖춰야 할 역량들은 어떤 것들이 있을까? '역량(Competency)'의 사전적 의미는 '어떤 일이나 행동을 하는 것에 대한 자신감이나 잠재된 힘'을 말한다. 비슷한 말로는 능력이

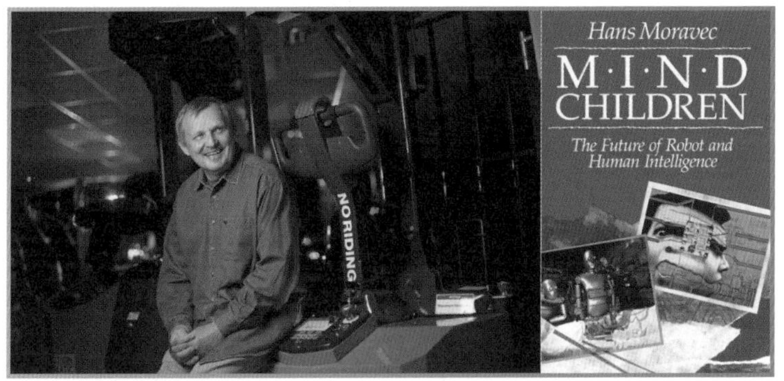

⊙ 한스 모라벡은 저서 『마음의 아이들(Mind Children, 1998)』을 통해 2040년 시대의 인공지능을 예측했다.

있다. 능력은 '어떤 일이나 행동을 실제로 수행할 수 있는 숙련도나 능숙도'를 말하기도 한다. 청소년들이 학교 생활 속에서 갖춰야 할 역량, 즉 능력에 대해 살펴보자.

첫 번째 능력은 창의 역량이다. AI가 대신할 수 없는 인간만의 능력이라 할 수 있다. 인간에게는 자연스러운 능력이지만 스스로 문제를 찾고 해결하는 것은 AI가 할 수 없다. 그래서 AI에 일을 시킬 수 있는 능력이 필요하며, 그것은 문제를 찾고 정리하는 능력이다. 이를 위해 근본적이고 깊이 있는 생각을 가져야 하는데, 결국 '왜(Why)'를 찾는 노력이다. 이는 창의적인 사고방식으로 문제를 제기하고 질문을 던지는 능력이라 할 수 있다. 창의 역량은 없는 것을 만들어내는 것이라기 보다는 기존에 존재하는 것들을 재해석하고 새로운 의미를 부여하면서 문제를 해결하고 새로운 아이디어를 만들어 내는 것을 의미한다. 교과 수업도 중요하지만 다양한 분야의 책을 읽고 깊이 생각하고 책 속에서 얻은 지혜를 실생활에 적용하며 실천하는 삶 속에서 창의 역량은 키워진다. 매일 읽고 매일 써야 하는 이유가 여기에 있다.

둘째, 코딩 능력과 AI 활용능력이다. 예를 하나 들면, 어느 마을에 두 개의 약국이 나란히 개업을 했다고 치자. A약국은 인공지능을 활용해서 약을 처방하고, B약국은 기존 방식대로 처방전을 받고 약사가 약을 처방해 준다. 병원에서 진료를 받고 처방전을 가져오면 그에 따라 약을 제조하면 되지만, 처방전 없이 약국을 찾은 경우 약사가 직접 약을 손님에게 추천하게 된다.

인공지능을 활용하는 A약국을 보자. 100미터 전방에 약국을 향해 걸어오는 사람이 있다. AI가 손님을 인지하고 얼굴, 눈동자 등을 인식하여 손님의 인적사항과 그동안 처방받고 병원 진료내역을 건강보험공단에 접속하여 알게 된다. 손님이 A약국으로 들어서면 약사는 AI가 처방한 약을 손님에게 전달하면 된다. 손님의

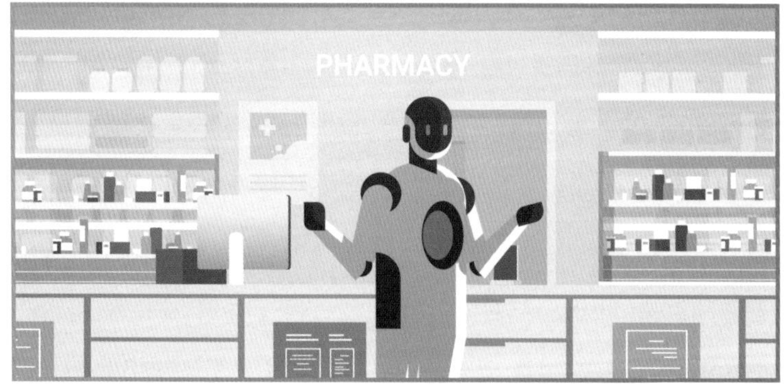

상태를 완전히 미리 분석하여 맞춤형 처방을 하는 것이다. 이렇게 맞춤형 처방은 약물 오남용도 방지하고 내 체질에 맞는 약으로 아픈 곳도 낫게 해줄 것이다.

B약국은 지금처럼 손님이 들어오면 증상을 물어보고 약을 처방해 준다. 어떤 때는 잘 맞는 경우도 있지만 어떤 경우에는 전혀 듣지 않는 경우도 있어서 손님은 다른 약국을 찾게 된다. 여러분이 생각하기에 어느 약국이 돈을 더 많이 벌 것 같은가? 당연히 A약국이 맞춤형 처방을 해주므로 손님이 많고 수입도 B약국에 비해 수백 배의 이익을 남길 것이다.

이처럼 실제 생활에서 AI 활용능력을 키우려면 코딩 능력을 키워야 한다. 학교에서는 정보라는 과목이 있지만 약간 부족하다. 과학, 기술, 정보, 수학 등의 과목에 집중하면서 인공지능의 원리를 이해하는 것이 중요하다. 남들이 만들어 놓은 콘텐츠를 사용하는 소비자가 되지 말고 스스로 만들어 보는 생산자가 되려는 의지가 있어야 한다. 다시 말하면 AI 적용 능력을 키우는 일이 중요한 것이다. 생산·의료·유통 등 산업 분야뿐만 아니라 경영, 미술, 음악 작곡 등에서도 사용할 수 있다. AI는 툴이고 플랫폼이다. 복잡한 알고리즘 개발은 전문가에게 맡기고 여러분들은 그런 기술을 업무에 효율적으로 활용할 줄 알면 된다.

셋째는 유연성이다. 인공지능 기술의 발전으로 새로운 직업이 생기고 기존의 일부 직업은 사라질 수 있다. 따라서 사회 경제적 변화에 유연하게 대처할 수 있는 능력이 필요하다. 유연성을 갖추기 위해서는 다양한 경험을 쌓는 것이 좋다. 새로운 일에 도전하고 다양한 사람들과 교류하는 것이 유연성을 기르는 데 도움이 된다. 미래 기술의 등장으로 직업이나 일상생활 변화에 두려움을 갖기 보다는 적극적으로 대처하려는 생각과 마음가짐이 필요하다.

넷째는 인공지능과의 협력이다. 인공지능 기술에 대한 이해와 데이터 분석 능력이 필요하다. 인공지능의 원리와 작동 방식을 이해하고 적용하는 능력을 갖춰야 한다. 인공지능 시스템의 성능을 모니터링하고 최적화할 줄 아는 능력도 필요하다.

다섯째는 비판적 사고능력이다. 어떠한 결론을 도출하기 위해 정보를 수집하고 분석하는 능력이다. 문제 해결, 의사결정, 자기통제, 관찰, 해석, 평가, 커뮤니케이션 등의 다양한 스킬을 요구한다.

여섯째는 문제 해결 능력이다. 복잡한 문제를 분석하고 해결 방안을 제시하는 능력이 중요하다. 일곱째는 플랫폼 능력이다. 플랫폼 능력은 소셜미디어, 모바일 앱, 웹사이트 등을 기반으로 한 디지털 기술 및 비즈니스 전략을 의미한다. 해당 플랫폼에서 제공하는 기술과 기능을 잘 활용하고 사용자들의 요구에 맞는 적절한 서비스를 제공할 수 있는 능력이다. 이를 위해서는 해당 플랫폼을 깊이 이해하고, 사용자들의 요구사항을 파악하는 것이 필요하다.

여덟째, 아키텍처 능력이다. 시스템의 전체 구조를 이해하고 이를 바탕으로 시스템의 기능 요구사항을 충족시키는 구조와 설계를 수립하는 것이다. 이를 위해서는 다양한 기술적 경험이 필요하며, 요구사항 분석, 설계, 구현 등의 단계를 수행할 수 있어야 한

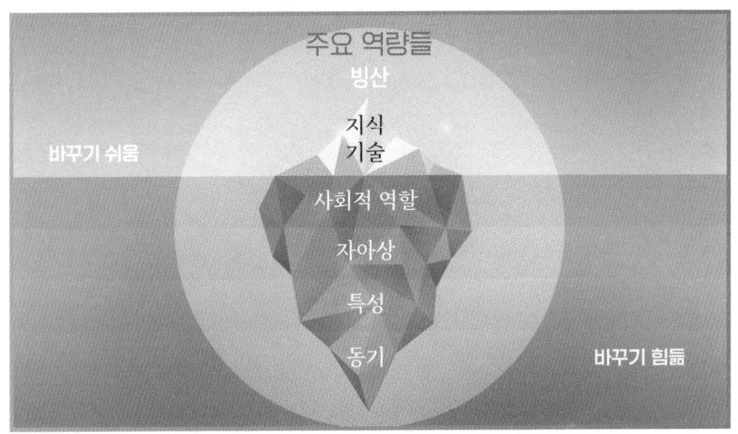

역량의 빙산 모델(Iceberg Model of Competency).

다. 아키텍처 능력은 시스템을 효율적으로 구축하고 운영할 수 있는 능력으로, 소프트웨어 개발에서 중요한 역할을 한다.

인공지능 시대 청소년들이 갖춰야 할 역량들을 살펴봤다. 역량이 왜 중요한지는 미국의 심리학자 데이비드 맥크렐랜드(David McClelland)가 1973년에 발표한 '역량의 빙산 모델'에서 알 수 있다. 수면 위에 드러난 기술과 지식은 눈으로 보이는 영역이라서 관찰 및 측정이 비교적 쉽다. 하지만 전체 중에서 고작 10%만 차지한다. 동기, 특성, 자기 개념, 이미지 등 눈으로만 관찰하기 어려운 핵심인성이 역량의 90%를 차지한다고 표현했다. 눈에 보이지 않는 90%의 역량을 키우기 위한 전략이 필요하다. 성적 결과에만 신경 쓰는 학습이 아니라 수업에서 배운 지식과 기술을 관찰하고 측정하면서 실제 삶 속에 어떻게 적용해 나갈 것인지 생각해야 한다.

책 읽기, 글쓰기, 긍정적 습관 만들기, 학습 습관 만들기 등이 바탕이 되어야 한다. 배우지 않고 할 수 있는 것은 아무것도 없다. 다양한 영역에서 많은 것을 배우고 터득한 사람만이 자신의 꿈을 이루는 데 쉽게 접근할 수 있다.

2022 개정 교육과정이 추구하는 인간상은 우리 교육이 지향해온 홍익인간의 이념을 바탕으로 '자기주도적인 사람', '창의적인 사람', '교양있는 사람', '더불어 사는 사람'이다. '자기주도적인 사람'은 전인적 성장을 바탕으로 자아정체성을 확립하고 자신의 진

2022 개정 교육과정에서 요구하는 핵심 역량

자기관리 역량	자아정체성과 자신감을 가지고 자신의 삶과 진로를 스스로 설계하며 이에 능력과 자질을 갖추어 자기주도적으로 살아갈 수 있는 역량
지식정보처리 역량	문제를 합리적으로 해결하기 위하여 다양한 영역의 지식과 정보를 깊이 있게 이해하고 비판적으로 탐구하여 활용할 수 있는 역량
창의적 사고 역량	폭넓은 기초 지식을 바탕으로 다양한 전문 분야의 지식, 기술, 경험을 융합적으로 활용하여 새로운 것을 창출하는 역량
심미적 감성 역량	인간에 대한 공감적 이해와 문화적 감수성을 바탕으로 삶의 이미와 가치를 성찰하고 향유하는 역량
협력적 소통 역량	다른 사람의 관점을 존중하고 경청하는 가운데 자신의 생각과 감정을 효과적으로 표현하며 상호 협력적인 관계에서 공동의 목적을 구현하는 능력
공동체 역량	지역, 국가, 세계 공동체의 구성원에게 요구되는 개방적, 포용적 가치와 태도를 지속 가능한 인류 공동체 발전에 적극적이고 책임감 있게 참여하는 역량

로와 삶을 스스로 개척하는 사람을 말한다. '창의적인 사람'은 폭넓은 기초 능력을 바탕으로 진취적 발상과 도전을 통해 새로운 가치를 창출하는 사람이다. '교양있는 사람'은 문화적 소양과 다원적 가치에 대한 이해를 바탕으로 인류 문화를 향유하고 발전시키는 사람이다. '더불어 사는 사람'은 공동체 의식을 바탕으로 다양성을 이해하고 서로 존중하며 세계와 소통하는 민주시민으로서 배려와 나눔, 협력을 실천하는 사람이다.

2022 개정 교육과정은 2025년부터 중학교 1학년, 고등학교 1학년부터 적용된다. 인공지능 기술 발전에 따른 디지털 전환, 기후 생태환경 및 인구구조 변화 등을 반영하여 미래 사회를 살아갈 학생들이 주도적으로 삶을 이끌어 가는 능력을 함양할 수 있도록 개선되어 발표됐다. 디지털 활용 능력뿐만 아니라 인간의 본성을 구성하는 역량들을 고르게 갖춰야 한다는 것이다.

지금까지는 정보를 검색하는 능력이 중요했다면 이제부터는 무한한 정보의 홍수 속에서 양질의 정보를 선별하고 이를 토대로 새로운 가치와 콘텐츠를 만들어 내는 능력이 더욱 요구된다고 볼 수 있다. 학습 활동에서 수업 내용이 이해가 어려운 부분은 완전히 학습될 때까지 챗GPT를 활용해 문제 해결에 도움을 받고 선생님에게 질문을 통해 완전히 이해해 나가는 학습을 해나가야 한다. 이런 학습 활동이 앞부분에서 말한 핵심 역량이 키워지는 기반이 될 것이다.

4장

인공지능의 주인이 될까, 인공지능에 대체될까?

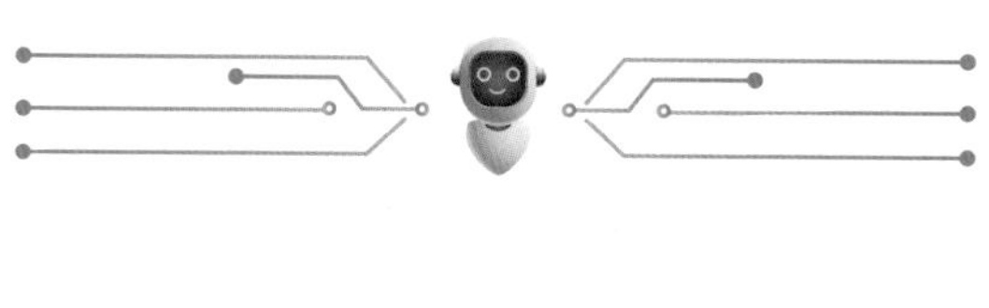

타자기의 등장과 함께 손글씨로 서류를 작성하던 필경사라는 직업도 사라졌다.

1970년대 미국에서 가장 많은 사람이 몸담은 직업은 바로 '비서'였다. 사무직 직원이라고도 할 수 있다. 그 당시에는 오늘날과 같은 PC가 없었다. 컴퓨터는 큰 기업이나 정부 기관만 쓸 수 있는 매우 크고 비싼 물건이었다. 요즘에는 사무실이나 공부방 책상마다 PC가 한 대씩 놓여있지만, 1990년대 초만 해도 기업의 한 개 부서에 컴퓨터가 한 대씩만 있는 경우가 대부분이었다. 1970년대 회사원들의 책상에 놓인 것은 수동식 타자기와 노트, 유선 전화기 정도였다.

그러나 사람들이 처리해야 할 일은 계속 규모가 커지고 복잡해졌다. 현대에 들어서며 교통과 통신, 기술의 발달이 급속하게 이뤄졌다. 자동차, 전자 제품, 식료품 등 복잡한 제품을 대량 생산하고 세계를 상대로 사고파는 대기업들이 등장했다. 금융기관은 사람들의 돈을 보관하고, 관리하고, 해외로 주고받는 시스템을 만들어야 했다. 국가는 인구, 경제 규모, 소득 등 국민의 생활에 대한 데이터를 빠르게 처리해 행정을 효율화하고자 했다. 1, 2차 세계대전을 겪으면서 과학기술을 총동원해 강력한 무기와 군사 기술을 만들어야 할 필요도 커졌다. 미사일의 궤적을 예측하고, 우주선을 달로 보내며, 적국의 암호를 풀어야 했다.

이런 거대하고 복잡한 일들을 수행하기 위해 현대 사회는 효율적인 구조를 가진 거대한 조직, 그리고 그 안에서 일할 수많은 인력이 필요했다. 프라이버시 없이 확 트인 거대한 사무실에 빽빽이 배열된 책상 앞에 앉아 서류를 넘기며 타자를 치는 직원들의 모습은 당시 서구권 대기업의 대표적인 풍경이었다. 앞에서도 말했지만 미국 인구조사국에 따르면, 1978년 기준 미국 내 50개 주 중 21개 주에서 비서는 가장 종사자 수가 많은 직업이었다. 당시 미국 전체 노동 인구의 7%를 차지했다.

한편에서는 이런 일들을 보다 효율적으로 하기 위한 기술 혁신이 시도되고 있었다. 바로 컴퓨터였다. 초기 컴퓨터들은 기계 한 대가 넓은 방을 가득 채울 정도로 크고 사용도 번거로웠다. 이들은 제2차 세계대전 중 군사 기술을 개발하거나, 전쟁의 긴박한 상황에 대처하기 위해 빠르게 정부의 행정 업무를 처리하는 데 쓰였다.

이러던 중 기업이나 정부 기관뿐 아니라 일을 하는 개인을 위한 컴퓨터 기술이 나오기 시작했다. 첫 시작은 워드프로세서였다. 1969년 미국의 여성 컴퓨터 과학자 에블린 베어라젠(Evelyn Berezin)은 레드액트론이라는 회사를 세웠다. 베어라젠은 당시로서는 드문 여성 컴퓨터 전문가였다. 그는 오늘날 널리 쓰이는 항공권 예약 시스템을 처음 만든 사람이다. 60개 도시 공항을 전산망으로 연결하여 항공권을 예약할 수 있도록 했다. 탄도 거리를 계산하는 군사용 컴퓨터를 개발하기도 했다.

그런 그가 레드액트론을 창업해 만든 제품이 바로 워드프로세

에블린 베어라젠과 워드프로세서.

서이다. 요즘은 한글이나 마이크로소프트 워드와 같은 문서 작성 소프트웨어를 워드프로세서라고 하지만, 당시 워드프로세서는 키보드와 저장 장치가 달린 문서 작성 전용 하드웨어 장치를 가리켰다. 크기는 작은 냉장고만 했고 디스플레이도 달리지 않았지만, 작성한 내용을 저장해 두었다가 다시 활용할 수 있었고 '복사 및 붙여넣기'도 가능했다. 이 기계는 비서들을 지루하고 반복적인 업무에서 상당 부분 해방하여 주었다. 제품 이름 자체가 '데이터 비서(Data Secratray)'였다.

1980년대 들어서는 더 큰 혁명이 사무실에 불어닥쳤다. 바로 개인용 컴퓨터와 업무용 소프트웨어의 등장이었다. 우리가 오늘날 쓰는 PC와 워드, 엑셀 같은 프로그램이 사무실과 가정에 보급되기 시작했다. 마이크로소프트나 애플 같은 기업들이 등장해 폭발적으로 성장했다. 이제 타자기로 글을 쓰다 오자가 나오거나 글의 순서를 뒤바꿔야 할 때 종이를 찢어 다시 처음부터 시작하지 않고, 화면에 뜨는 문장과 글자를 지우고 새로 입력하기만 하면 되게 되었다.

하지만 이러한 사무 자동화 기술의 발달은 비서의 일만 줄인 것이 아니라 비서라는 직군 자체를 빠르게 사라지게 하는 결과를 낳았다. 사무직에 필요한 사람의 숫자가 크게 줄어들었기 때문이다. 오늘날 비서 직군에서 일하는 사람의 수는 미미한 수준이다. 기술에 의해 비서가 해방되었다고 생각했지만, 결국 비서는 대체되고 만 것이다.

최근 인공지능 기술의 발달이 사회에 큰 우려를 일으키고 있는데, 대부분 우리의 일자리를 기술에 의해 빼앗기게 될 것이란 두려움에서 나온다. 새롭고 놀라운 기술이 등장해 사회에 충격을 줄 때마다 지금 사람들이 종사하고 있는 일자리가 사라지고, 직업을 잃은 사람들이 하루아침에 길거리에 내몰릴 것 같은 불안감이 감돌곤 한다. 물론 새로운 기술은 사람들의 일하는 방식이나 일자리에 영향을 미친다. 그리고 먼저 큰 타격을 입는 분야가 있는가 하면, 좀처럼 영향을 받지 않는 분야도 있다.

생성형 AI 기술 역시 각기 다른 방식으로 우리가 하는 일에 영향을 미칠 것이다. 지금까지 자동화 기술이 주로 육체노동, 제조와 생산, 단순 사무직 일자리에 변화를 불러왔다면 이제는 복잡한 언어 소통이나 전문적 지식이 필요한 일자리들도 영향을 받을 것이란 점이 다르다. 기존 기술로는 주로 몇 가지 공통적이고 반복되는 과제들로 쪼갤 수 있는 업무를 자동화할 수 있었다.

만약 모든 사람이 고객 센터에 전화할 때 정확하고 틀림없는 문장으로 명확하게 문제를 설명한다면 콜센터 상담원을 거의 전부 컴퓨터로 대체할 수 있을 것이다. 지금도 불편이 있어 통신사나 카드사 고객센터에 전화하면 상담원 연결 대신 ARS 통화로 설명을 듣고 버튼을 눌러 문제를 해결하도록 유도하는 것을 볼 수 있다. ARS를 통해 미리 주어진 범주 안에서만 문제를 상담하게 하면 잘못된 질문, 혹은 이해하기 어려운 질문을 할 수가 없어 자동화된 기술로도 대응할 수 있기 때문이다.

하지만 사람이 실제 말을 할 때는 대부분 첫 부분 주어와 마무리 부분 서술어가 따로 놀고, 말끝을 흐리거나, 잘못된 단어를 쓰는 등의 문제가 생각보다 많다. 사람은 이러한 부정확한 문장을 듣더라도 문맥과 경험을 통해 이해하고 답을 제시할 수 있지만, 컴퓨터는 그럴 수 없다. 결국 사람 상담원이 필요한 이유이다.

그러니 생성형 AI는 방대한 데이터를 학습해 사람들이 하는 말의 의미를 파악하고, 적절한 답을 생성해낼 수 있다. 일부 콜센터에서는 고객과 상담원의 대화를 모두 녹음하고, 인공지능 기술을 이용해 녹음된 음성을 글자로 바꾸며, 이렇게 만든 녹취록으로 다시 인공지능을 훈련시키고 있다. 조만간 콜센터에 전화하면 그동안 고객들이 상담원과 대화한 수많은 상담 사례들로 훈련받은 인공지능에 음성합성 기술이 적용되어 사람처럼 자연스럽고 능숙하게 상담에 응할 수도 있다. 콜센터 일자리는 AI에 의해 대체될 가능성이 클 것으로 전문가들은 보고 있다.

생성 AI는 우리가 흔히 전문직이라고 생각하는 일자리도 위협하고 있다. 하비(Harvey)라는 스타트업은 챗GPT를 만든 오픈AI의 투자를 받아 법률 업무에 특화된 생성 AI 도구를 만들었다. 이름은 회사 이름과 같은 '하비'였다. 변호사들이 법조문이나 판례에 관해 질문을 던지면 답을 찾아주고, 재판 준비를 위한 서면 초안을 대신 작성해 주는 대화형 AI이다.

영국 런던에 있는 대형 로펌 앨런 앤드 오버리는 2022년 말 하비를 시범 도입했다. 사내 몇몇 변호사들을 대상으로 한 소규모

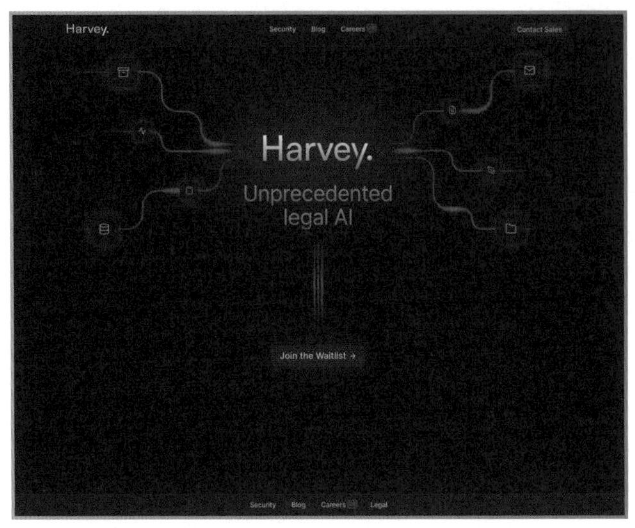

하비는 해당 AI 모델로 500만 달러 규모의 투자를 유치하기도 했다.

테스트였지만, 사내에서 좋은 반응을 얻으면서 이제는 세계 43개 지사 3,500명의 변호사들이 쓰고 있다. 이 회사 변호사 4명 중 1명이 하비를 사용하는 셈이다.

이 로펌은 아예 하비와 정식 파트너십을 맺고 업무 전반에 AI를 도입하기로 했다. AI가 법조 현장에 정착하면 법무법인에서 필요로 하는 변호사의 수가 줄어들고, 특히 새로 법조인이 되는 젊은 변호사들이 일자리를 찾지 못하게 될 가능성이 크다. 법률은 고도의 전문성이 필요한 영역이지만, 사실 법조 업무가 법조문과 판례, 서면 등 매우 정확하고 일관된 형식과 논리를 갖춘 문서를 바탕으로 하는 곳이기 때문에 AI가 학습하고 결과를 내기 오히려 더 좋은 분야이기도 하다.

컴퓨터 프로그램을 만드는 개발자들도 생성 AI의 영향을 직접적으로 받을 전망이다. 생성 AI는 사람의 언어뿐 아니라 컴퓨터의 언어, 즉 프로그래밍 언어도 매우 잘 다루기 때문이다. 챗GPT에 원하는 바를 일반적인 문장으로 입력하면, 이를 실현할 코드를 그럴듯하게 짜 준다. 실제 쓸 수 있는 수준의 오류 없는 코드를 항상 내놓는 것은 아니기에 검증은 필요하지만, 상당수 프로그래머 수요를 줄일 수 있을 것으로 예상된다.

또 AI는 이미 우리가 읽는 기사의 상당수를 쓰고 있다. 기업 실적 발표나 스포츠 경기 결과와 같이 데이터가 풍부하고 형식이 비슷한 기사들을 주로 AI가 쓰지만, 생성 AI 발달로 조만간 길고 복잡한 해설 기사도 AI가 쓸 날이 멀지 않았다. 생성 AI가 생성한 사진처럼 현실적인 일러스트레이션은 이미 많이 보았을 것이다. 디자이너나 웹툰 작가들의 일자리도 안전하지만은 않다.

우리가 흔히 전문직이라 생각하는 일의 상당수가 사실 자료를 분석하고 체계적인 언어나 창의적인 표현으로 나타내는 업무라는 점을 생각하면, 전문적 일자리이기에 AI의 영향을 덜 받으리란 생각은 오산일 수 있다. 과거처럼 한번 따 둔 자격증이나 한번 익혀둔 기술로 평생 살기는 점점 어려워지고 있다. 누구든, 어떤 일이든 AI에 의해 대체될 수 있다고 생각하고 진로나 전공을 결정하는 편이 좋을 것이다. 그리고 어떤 일을 하건 AI가 자동화할 수 없는 자신만의 영역이나 특기가 무엇인지 늘 생각하고 이를 계발하려는 노력이 미래 생활인의 가장 중요한 자질이 될 것이다.

당연한 이야기일 수도 있지만, 몸을 사용하는 일은 AI의 영향을 가장 덜 받을 것으로 전망된다. 환자나 어르신, 아이를 돌보는 일이나 건설 노동 등이 대표적이다. 사람처럼 자연스럽게 움직이는 로봇을 개발하려는 연구가 꾸준히 이뤄지고 있고, 챗GPT와 같은 AI 언어모델이 로봇과 조만간 결합할 것으로 보이지만 아직 사람처럼 효율적이고 다양한 방식으로 움직이는 로봇을 만들기는 쉽지 않으리란 예상이다.

오픈AI는 챗GPT와 같은 대형 AI 모델이 노동 시장에 미칠 영향을 직접 분석해 2023년 초 논문으로 공개했다. 미국 근로자의

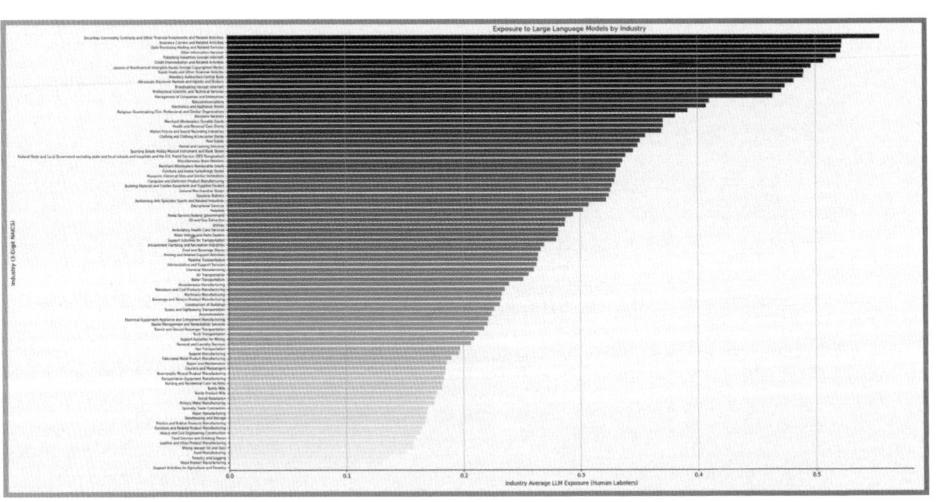

펜실베니아대 대니엘 록(Daniel Rock) 교수가 2023년 3월 발표한 논문「대규모 언어모델의 노동시장 영향 잠재력 조기 평가(GPTs are GPTs: An early look at the labor market impact potential of large language models)」자료.

80%는 하던 업무 중 적어도 10%가 챗GPT 같은 AI 모델의 영향을 받게 될 것으로 예측된다. 19%의 인력은 하던 업무의 50% 이상 AI의 영향을 받을 것으로 내다봤다. 전체 노동 인력의 5분의 1 정도가 AI로 인해 하던 일에 심각한 영향을 받을 수 있다는 의미다. 이는 고소득 직종도 예외가 아니며, 소프트웨어를 많이 활용하는 업종이 더 많은 영향을 받을 것으로 전망했다.

출판, 작가, 회계, 언론 등이 특히 많은 타격을 입을 영역으로 꼽혔다. 프로그래밍이나 글쓰기 관련 인력이 과학이나 비판적 사고력에 기반한 작업을 하는 사람들에 비해 더 많이 영향을 받을 것으로 나타났다.

미국의 종합 금융지주사 골드만삭스는 생성 AI가 미국과 유럽 근로자가 하는 일의 4분의 1을 대체할 수 있을 것으로 내다봤다. 약 3억 달러 상당의 인건비에 해당하는 일자리가 사라질 수 있다는 전망이다. 하지만 장기적으로는 AI로 인해 세계적으로 생산되는 제품과 서비스의 총 가치가 7% 증가할 것으로 예상했다.

앞에서 우리는 1970년대까지 미국에서 비서 직군에 많은 사람이 종사했으나 이들이 컴퓨터에 빠르게 대체되었다고 이야기했다. 그렇다면 현재 가장 많은 사람이 종사하는 직군이 무엇인지 알면 어떤 일을 하는 누가 디지털 기술의 파고를 넘어섰는지 알 수 있지 않을까? 정답은 트럭 운전사이다. 트럭 운전사는 1990년대 이후 미국에서 가장 종사자가 많은 직업이 되었다. 트럭 운전사들은 거대한 미국 영토를 가로지르며 유통망을 연결하는 일을 한다. 국

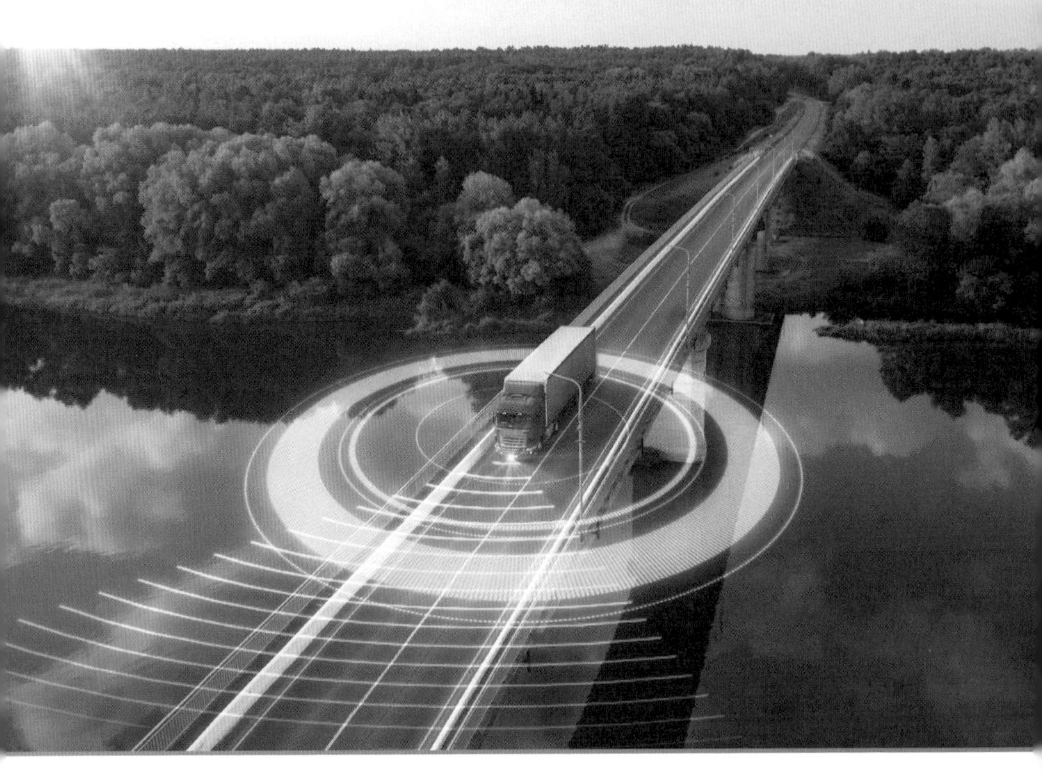

자율주행 기술을 적용한 트럭.

토가 워낙 넓으므로 몇 날 며칠을 운전석에 홀로 앉아 운전하는 고단함을 견뎌야 한다.

하지만 컴퓨터가 트럭을 대신 몰아주기는 힘들다. 중국인 노동자는 미국 공장에서 일하는 노동자의 일자리를 줄였지만, 생소한 미국에 와서 트럭을 몰 수는 없다. 트럭 운전은 디지털 기술의 공습에서 상대적으로 가장 안전한 직종이었던 셈이다. 학력이 높지 않은 사람도 중산층 생활을 할 수 있게 해주는 괜찮은 일자리 역할을 했다.

그렇다면 트럭 운전은 앞으로도 괜찮은 일자리일까? 컴퓨터가 트럭을 대신 몰아주기 힘들다고 했지만, 사실 이제는 컴퓨터가 트럭을 몰아 줄 수 있다. 자율주행 기술이다. 특히 트럭은 넓은 고속도로에서 정해진 경로를 따라 이동하는 경우가 많고, 장기간 운전에 따른 운전사의 피곤이 문제가 되는 경우가 많기 때문에 자율주행이 더 빠르게 적용될 가능성이 크다는 의견도 많았다.

한창 AI를 적용한 자율주행에 관심이 컸지만, 최근엔 다시 잠잠해지는 분위기이다. 사고가 나면 책임을 누가 어떻게 질지, 기술적으로 완벽한 수준의 자율주행이 실제 가능할지 등도 문제가 되었지만, 사람들이 사회적으로 자율주행을 쉽사리 받아들이지 못하는 것이 가장 큰 이유이다. 다시 말해, 기술적으로는 트럭 운전사라는 직업도 조만간 충분히 기계에 대체될 수 있지만, 기술만이 어떤 일과 일자리의 미래를 결정짓는 유일한 요소는 아니라는 말이다.

Artificial Intelligence, AI

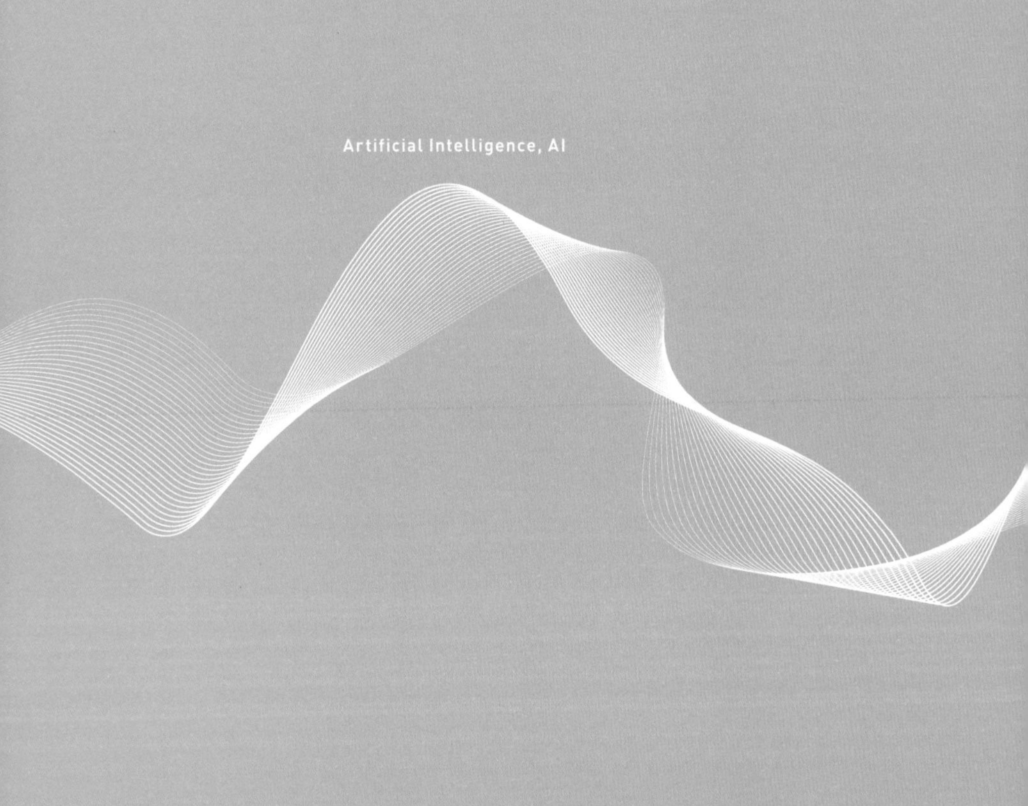

인공지능이 온다

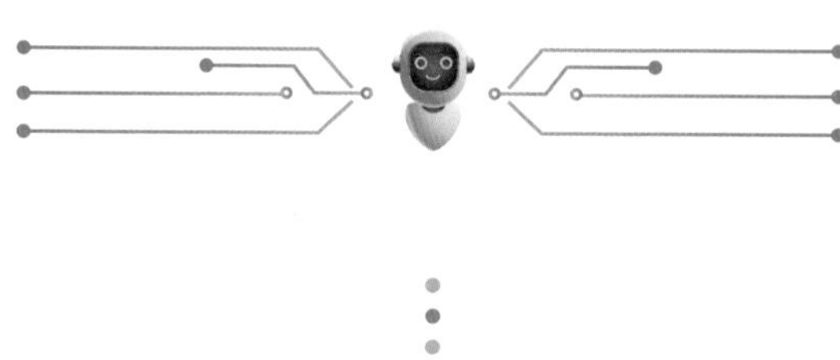

마음씨 나쁜 여왕이 마법 거울에게 묻는다.

"거울아, 거울아, 이 세상에서 가장 아름다운 사람은 누구지?"

"가장 아름다운 사람은 백설공주입니다."

거울의 정직한 답변 때문에 백설공주는 궁궐에서 쫓겨나 죽음의 위기에 놓인다. 왕비가 일상에 쓰는 말로 하는 질문을 알아듣고 자신이 아는 여러 사실을 근거로 판단하여 정확한 대답을 내는 마법 거울은 아마도 중세 시대의 챗GPT 아니었을까?

미국의 SF 소설가 아서 클라크는 "충분히 발달한 기술은 마법과 구분할 수 없다."라는 유명한 말을 남겼다. 만약 챗GPT로 작동하고 거울 모양의 디스플레이와 음성 합성 기능을 가진 2025년의 전자기기가 무슨 이유인가로 시간을 거슬러 중세 시대에 떨어진다면, 그 시대 사람들에게는 분명히 마법 거울로 여겨졌을 것이다. '가장 아름다운 사람은 백설공주'라고 제대로 된 답변을 하는 것으로 보아 틀린 내용도 자신 있게 말하는 AI의 '환각' 문제도 극복한 듯하다.

여왕의 마법 거울은 모든 것을 알려주고 모든 것을 가능하게 하는, 그래서 인간에게 완전한 힘을 안겨주는 존재에 대한 사람들의 오랜 갈망을 반영하는 것일지도 모른다. 마법 거울은 미래를 보여주는 수정 구슬 같은 모습으로 변형되어 동화에 나타나기도 한다.

현대에 들어 이러한 소망은 사람처럼 생각하고 판단하는 기계, 인간이 최선의 결정을 내릴 수 있도록 늘 완벽한 정보를 제공하는 인공지능에 대한 기대로 모습을 바꾸었다. 언제나 아이언맨과 함께 하는 인공지능 자비스나 고전 영화 '2001 스페이스 오디세이'에 등장하는 인공지능 HAL 9000 등이 대표적이다. 또 지구의 적은 인류라며 인간을 공격하는 영화 '터미네이터' 속 AI 스카이넷이나 인간을 가상현실 공간에 가두어 사육하는 영화 '매트릭스' 속 인공지능은 인간을 뛰어넘는 능력을 지닌 AI를 원하면서도 이를 두려워하는 사람들의 심리를 보여주는 설정이다.

물론 인공지능이 사람들 마음에서 기대와 우려를 싹틔우며 마법 거울의 자리를 빼앗은 것은 실제로 컴퓨터 기술이 빠른 속도로 발전했기 때문이다. 컴퓨터의 기본 원리가 되는 수학적 아이디어들은 대략 19세기에 나오기 시작했다. 찰스 배비지라는 과학자는 계산을 할 수 있는 거대한 증기기관 기계를 만들려 했으나, 비용 등 여러 이유로 실행에 옮기지는 못했다.

1930년대 들어 컴퓨터 과학의 아버지 앨런 튜링이 오늘날 컴퓨터의 구조와 거의 비슷한 기계의 개념을 제시했다. 여러 칸으로 나뉘어 있고 각 칸에 여러 기호가 새겨진 긴 끈 모양의 테이프가 기계 안으로 들어가면, 기계 안 헤드라는 부분이 테이프의 기호를 읽어 들인다.

이 기호를 읽으면 기계가 어떻게 행동할지는 미리 정해져 있다. 이를테면, 3번째 칸에 '0'이란 기호가 있으면 이를 '1'로 고치고 5번째 칸으로 이동하기로 한다는 약속을 미리 입력해 두는 식이다. 이런 논리적 움직임을 통해 기계에 일을 시킬 수 있다는 것이 튜

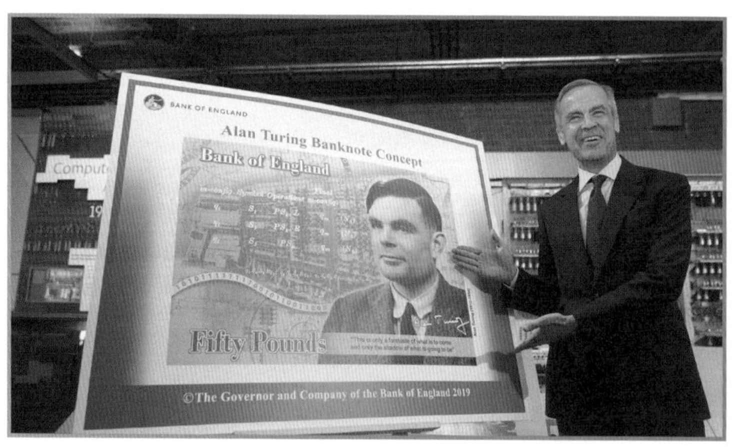

앨런 튜링은 컴퓨터 과학 분야 업적을 인정받아 50파운드 지폐 초상인물로 선정되기도 했다.

링의 생각이었다. '튜링 머신(Turing Machine)'이란 이름의 이 기계는 CPU(헤드)와 저장장치(테이프), 소프트웨어(정해진 약속) 등 오늘날 컴퓨터의 기본 구조를 그대로 가지고 있다.

1부에서 말했듯 제2차 세계대전을 겪으며 컴퓨터 기술은 급발전했다. 전쟁이라는 극한 상황 속에서 포탄과 로켓의 궤도를 계산하고, 적군의 암호를 해독하고, 군사와 국가 행정에 관한 복잡한 데이터를 처리해야 했기 때문이다. '에니악(ENIAC)' 같은 초기 컴퓨터들이 이때 등장했고, 튜링은 영국군에서 독일군의 암호를 푸는 일을 했다.

이렇게 컴퓨터 기술이 빠르게 발전함에 따라 컴퓨터를 사용하여 인간과 같은 지능을 인공적으로 구현할 수 있으리라 생각하는 사람들이 나오기 시작했다. 1956년 미국 다트머스대학 존 매카시 교수와 마빈 민스키 MIT 교수 등 여러 컴퓨터 연구자들이 다트머스대학에 모여 학술대회를 열었다. 이들은 이 자리에서 인간 지능을 대체할 수 있는 체계를 연구하는 인공지능이란 학문 분야를 처음 제안했다.

이 시기는 인공지능의 1차 황금기로 꼽힌다. 그리고 이후 수십 년에 걸쳐 이어질 몇 차례의 인공지능에 대한 기대와 좌절, 봄과 겨울의 첫 시작점이기도 하다.

이때 추론이나 탐색과 같은 인간 뇌의 기능에 대한 모델을 수학적으로 만든다는 인공지능의 개념이 처음 제시되며, 인공지능 연구가 활발하게 이뤄지기 시작한다. 주로 컴퓨터가 체스나 오셀로 같은 간단한 게임을 플레이하도록 함으로써 특정 문제를 해결할 수 있는지 보는 방식 등이 많이 쓰였다. 자동 번역에도 관심이 많았다. 냉전이라는 시대적 특성을 반영하듯 러시아어를 영어로 번역하는 기술에 대한 수요가 컸기 때문이다.

하지만 봄은 길지 않았다. 규칙과 움직임이 제한적인 게임 환경에서는 어느 정도 인공지능이 힘을 썼지만, 이런 통제된 환경을 넘어서면 거의 무용지물이 되었다. 번역도 기대 이하였다. 많은 경우의 수를 반영할 데이터를 제대로 처리할 수 있을 만큼 컴퓨터 성능이 발달하지 않은 것도 큰 이유이다. 연구비를 지원하던 미국 정부가 발을 빼면서 AI 연구는 침체에 빠진다.

1980년대 들어 반도체 성능이 좋아지고 개인용 컴퓨터가 등장하는 등 디지털 기술의 혁신이 일어난다. 컴퓨터 보급이 늘어나면서 데이터도 많이 쌓이기 시작했다. 인공지능의 가능성이 다시 한번 기대를 모으기 시작했다.

이때는 주로 '전문가 시스템' 방식의 인공지능을 연구했다. 전문가 시스템은 어떤 특정한 영역에 전문적으로 쓰일 수 있는 자동화 방식을 말한다. 통계적 기법을 위주로 자동화된 업무를 수행하도록 하는 소프트웨어라 할 수 있다. 의료 분야의 정보와 처리 방식을 사전에 입력해 의사가 환자를 진료할 때 활용한다거나, 대형 공장에서 설비의 고장 여부를 판단하고 공정을 조정하는 데 쓰이는 것을 말한다. 이는 산업 현장의 자동화나 업무 효율 향상 등의 효과를 가져왔다.

하지만 역시 한계는 있었다. 어떤 상황이 닥쳤을 때 어떻게 행동해야 하는지 사전에 알고리즘에 따라 미리 지정해 두어야 했기 때문이다. 알고리즘에 정해지지 않은 일을 접하면 제대로 대응할 수 없었다. 또 필요한 데이터도 미리 입력해 두어야 했고, 새롭게 필요한 데이터는 나중에라도 계속 입력해야 했다.

일상이나 업무 현장에서 생길 수 있는 모든 경우의 수를 따져 미리 어떻게 행동할지 정해두는 것은 사실상 불가능하다. 전문가 시스템 방식 인공지능은 편리한 만큼 한계도 컸고, 이러한 방식의 AI 연구도 다시 침체에 빠졌다.

2000년대 들어 인공지능 연구는 새로운 돌파구를 맞는다. 컴퓨터가 스스로 데이터를 학습해 규칙을 형성할 수 있게 할 수 있지 않을까 하는 아이디어를 실행에 옮길 수 있게 되었다. 컴퓨터가 판단을 할 수 있도록 소프트웨어적으로 모델을 만들고, 컴퓨터에 데이터를 아주 많이 학습시켜 모델에 근거해 작업을 수행하도록 한다는 것이다. 이렇게 학습한 모델은 이후 전에 본 적 없는 새로운 데이터를 접해도 쓸만한 결과물을 내놓을 수 있다. 고양이를 다른 동물과 구분하는 모델을 만들고 수천만, 수억 장의 여러 고양이 사진을 보여주어 학습시키면, 나중에 동물 사진을 보여줄 때 고양이 사진을 골라낼 수 있다는 이야기다.

이런 아이디어가 나온 지는 꽤 되었으나 실제로 활용하기는 어려웠다. 인공지능 모델을 학습시킬 만큼 충분히 데이터를 구하기도 힘들고, 데이터를 구한다 해도 복잡한 인공신경망을 돌릴 수 있을 정도로 성능이 좋은 컴퓨터를 만들려면 비용이 너무 많이 들었기 때문이다.

하지만 이런 발전을 가능하게 할 몇 가지 기술적, 사회적 변화가 최근 일어났다. 우선 초고속 인터넷이 보급되고 스마트폰이 일상화되면서 인공지능이 학습할 수 있는 데이터가 엄청나게 늘어났다. 사람들이 스마트폰을 어떻게 쓰는지 생각해보면 금방 알 수 있을 것이다. 카페에서, 식당에서, 교실에서, 놀러 나가서 끊임없이 사진을 찍고 페이스북이나 인스타그램 같은 소셜미디어에 올린다. 하고 싶은 말이 있을 때마다 블로그에, 인터넷 커뮤니티에, 뉴스 댓글에 글을 올린다. 이러한 텍스트와 이미지는 인공지능이 학습하는 자료가 된다. 과거와는 상상할 수 없을 만큼 학습할 데이터가 늘어난 것이다.

반도체 성능과 처리 속도가 좋아진 것도 큰 역할을 했다. 컴퓨터에서 그래픽 작업이나 게임 플레이를 더 잘 되게 하는 그래픽처리장치(GPU)의 등장이 큰 역할을 했다. GPU는 컴퓨터의 두뇌 역할을 하는 CPU와 달리 그래픽을 빠르게 잘 처리하는 것에만 초점을 맞춘 반도체이다. 복잡한 연산을 하는 CPU와 달리 GPU는 사칙연산 등 간단한 작업을 빠르게 처리하는 것이 목적이고, 특히 여러 대를 병렬적으로 많이 연결해 성능을 높일 수 있었다. 이런 특징을 가진 GPU를 인공지능 학습과 추론에 활용하면 인공지능 모델의 성능을 높일 수 있다는 사실이 드러나면서 인공지능은 한 단계 더 발전했다.

이러한 인공지능의 발달은 최근 우리를 여러 번 놀라게 했다. 앞에서도 다루었지만 2016년 구글 딥마인드가 개발한 인공지능 알파고가 세계 최강 바둑 기사 이세돌 9단을 꺾은 이후, 딥마인드의 '알파' 시리즈 인공지능은 스타크래프트에서 프로 게이머를 이기고, 자연계에 존재할 수 있는 모든 종류의 단백질 3차원 구조를 예측하는 등 인상적인 성과를 보였다. 구글 번역이나 네이버 파파고와 같이 기존 번역과는 수준이 다른 자연스러운 번역 서비스도 등장했다. 애플의 시리, 아마존의 알렉사 등 사람의 말을 알아듣고 대화하는 인공지능 비서나 인공지능 스피커 등도 인공지능의 가능성을 사람들에게 잘 보여주는 사례가 되었다.

이렇게 인공지능 기술력이 쌓이고 인공지능의 효용성을 보여주는 서비스 등이 등장하던 가운데, 2022년 말 사람처럼 자연스러운 문장을 만들어내는 챗GPT가 나오면서 인공지능에 대한 기대감은 다시 한번 폭발했다. 어떤 상황에서건 자연스럽게 대응하며 필요한 정보를 제공하는 인공지능을 만들 수 있다는 기대가 커진 것이다.

백만장자 토니 스타크만 누릴 수 있던 인공지능 도우미 자비스를 우리도 쓸 수 있게 될까? 아니면 과거 여러 번 인공지능에 대한 기대가 부풀어 올랐다가 급격히 사라진 것처럼 이번에도 한때의 유행으로 지날까? 그러나 그간 인공지능 기술의 발달이 우리 삶 속에 녹아들어 우리를 더 편리하게 했듯이, 지금 인공지능 열풍도 어떤 형태로든 우리 삶을 더 풍요롭게 할 것이다.

2장 | 생성형 AI는 어떻게 말을 할까?

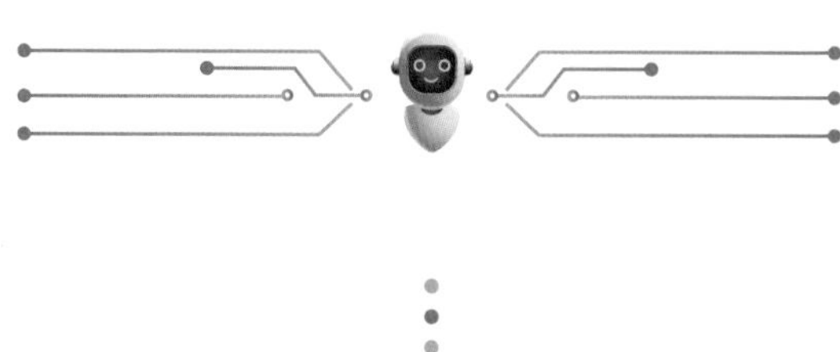

"한세희 기자가 누구야?"

"한세희 기자는 대한민국의 여성 기자로, 현재는 JTBC에서 근무하고 있습니다. 그녀는 다양한 분야의 보도를 담당하였으며, 특히 사회적으로 논란이 되는 이슈들을 다루어 많은 사람들의 관심을 받았습니다. 그녀는 JTBC에서는 '뉴스룸'과 'JTBC 뉴스' 등 다양한 프로그램에 출연하며, 높은 전문성과 해설력으로 시청자들에게 많은 사랑을 받고 있습니다."

카카오톡에는 '아숙업(AskUp)'이라는 채널이 있다. 인공지능 기술 기업 업스테이지가 챗GPT와 같은 생성형 AI를 활용, 사람들이 카카오톡에서 인공지능 챗봇과 대화할 수 있게 만든 서비스다.

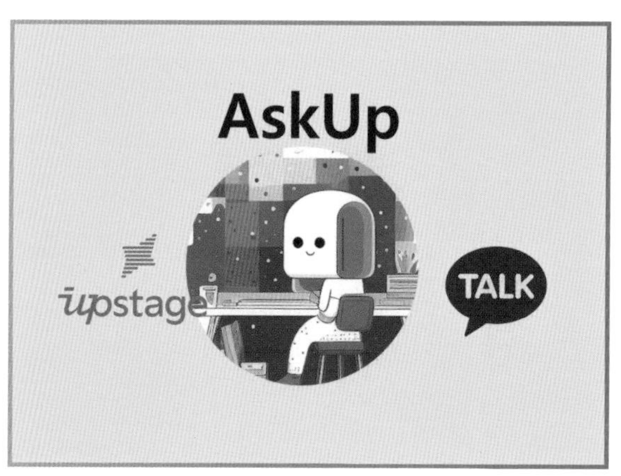

챗GPT에 광학문자인식(OCR) 기술을 더한 아숙업 채널.

아숙업 채널을 카카오톡 친구로 추가해 필자에 대해 아는지 물어보았다. "한세희 기자가 누구야?"라는 질문에 아숙업은 위와 같이 그럴듯한 대답을 내놓았다. 이 대답은 챗GPT와 같은 생성 AI의 놀라운 능력, 그리고 아쉬운 점을 동시에 보여준다.

놀라운 점은 인공지능이 너무나 자연스럽고 훌륭한 문장을 만들어냈다는 점이다. 아마 사람 중에도 이렇게 조리 있고 정확한 문장을 쓰지 못할 사람이 적지 않을 것이다. 한세희 기자에 대한 소개라는 주제에서 벗어나지 않으면서 일관되게 적절한 문장을 이어 간다.

그렇지만 여전히 아쉬운 점은 있다. 위 문장 중 어느 하나도 사실이 아니라는 점이다. 필자는 여자가 아니며, JTBC 방송국에서 근무하지 않는다. 과거에 근무한 적도 없다. '뉴스룸' 같은 프로그램에 출연한 적도 당연히 없다. 또 JTBC에는 '한세희'라는 기자는 없다. 이 AI 챗봇은 도대체 누구에 대해 이야기하는 것일까?

아숙업의 대답을 다시 자세히 보면 처음에는 보이지 않았던 이상한 점들이 눈에 띈다. 한세희 기자는 '다양한 분야의 보도를 담당하였으며' '사회적으로 논란이 되는 이슈들을 다루어' 관심을 받았다고 한다. 이건 사실 하나 마나한 말이다. 기자란 원래 다양한 분야에서 사회적으로 논란이 되는 이슈들을 다루는 일을 하는 사람들이다. 그래도 기자마다 주로 다루는 분야는 있기 마련인데, 아숙업은 기자가 정치를 주로 다루는지, 경제 전문인지, 아니면 스포츠 담당 기자인지 밝히지 않고 그냥 '다양한 분야'를 다룬다고만 한다. "점심 뭐 먹었니?"라고 물어보니 "밥하고 반찬 골고루 먹었어."라고 답하는 셈이다.

즉, 아숙업은 내실에는 상관없이 그럴듯해 보이는 문장을 만들며, 때로는 사실이 아닌 내용을 담은 문장도 적극적으로 만들어낸다는 것이다. 물론 아숙업의 기반이 되는 생성 AI 모델이 학습한 데이터에 필자에 대한 정보가 충분히 많이 들어가 있었다면 아숙업은 훨씬 정확한 대답을 했을 것이다.

아숙업이 만든 이 짧은 단락은 챗GPT와 같은 초거대 자연어 처리 모델의 원리와 특성을 잘 보여준다. 앞에서 많은 데이터를 학습하고 이를 처리하여 원하는 결과를 만들어내는 AI 모델에 대해 이야기했다. 많이 들어보았을 오픈AI의 GPT-3나 GPT-4 같은 챗GPT 시리즈, 구글의 AI 챗봇 '제미니(Gemini)'의 기반이 된 람다

(LaMDA)와 PaLM, 메타의 LLaMA 같은 것들이 대표적인 자연어 처리 언어모델이다. 이들 언어모델은 사람이 쓰는 것과 구분이 안 되는 그럴듯하고 자연스러운 문장을 만들어낸다. 언어모델은 문장을 생성하기 위해 만들어진 것이지 정확한 사실을 파악하여 제시하기 위해 만들어진 것은 아니다.

초거대 언어모델은 기본적으로 하나의 단어가 주어지면 다음에 나올 적절한 단어가 무엇일지 예측하는 모델이다. 예측 기계인 셈이다. '오늘 날씨가'라는 두 단어가 주어졌다면, 다음에 나올 말로는 날씨가 좋을지 나쁠지 묻는 '어때?'나 그날의 날씨 상황을 나타내는 '너무 좋다!' 또는 '소나기가 온종일 오고 있어' 등이 있을 것이다. 충분히 많은 데이터와 정교한 모델이 있다면, 다음에 나올 단어들을 연속적으로 적절히 예측해 자연스럽고 그럴듯한 문장을 만들어내고 대화를 이어갈 수 있다는 것을 언어모델은 보여준다.

데이터 범위가 제한적이고 정해진 몇 가지 과제만 하는 일은 컴퓨터로 쉽게 자동화할 수 있지만, 맥락이 복잡하고 사람마다 표현이나 의미를 조금씩 다르게 표현하는 언어나 문장은 컴퓨터가 처리하기 힘들었다. 그래서 과거에도 자동 번역 등이 있었지만 결과물은 참고만 할 뿐 실제로 사용하기에는 어려운 수준이었다. 번역도 정확하지 않지만, 문장도 어색했다. 하지만 챗GPT 같은 최근의 AI 언어모델은 번역에 특화된 모델이 아님에도 번역 내용도 정확하고 문장도 자연스럽다.

최근의 문장 생성 AI는 이 같은 한계를 넘기 위한 몇 가지 주요한 기술적 발전의 결과다. 우선 딥 러닝(deep learning)을 꼽을 수 있다. 딥 러닝은 기계가 데이터로 학습하는 기계학습(machine learning)의 일종이다. 딥 러닝의 아이디어는 세상에 나온 지 제법 되었으나 빛을 보지 못하다가, 최근 이런 복잡한 계산을 할 만큼 컴퓨터 연산 능력이 발달함에 따라 AI의 성능을 급격히 높일 방법임을 인정받았다.

기계학습은 기존의 데이터를 학습해 이를 바탕으로 나중에 새로운 데이터를 접할 때 컴퓨터가 스스로 상황에 맞춰 대응할 수 있게 하기 위한 것이다. 아주 간단히 말하자면 어떤 입력값이 주어지면 미리 설계된 모델을 따라 처리하여 우리가 필요로 하는 출력값을 내놓는 함수를 만드는 것이다.

예를 들어, 우리가 학생의 하루 공부 시간을 보고 다음 시험 성적을 예측하는 AI 모델을 만들고 싶다고 해 보자. 하루 공부 시간이라는 값을 던져 넣으면 최대한 학생의 실제 다음 시험 성적과 비슷한 답을 예상해 다시 밖으로 내놓는 가상의 상자를 생각할 수 있을 것이다. 이것이 함수 또는 모델이다. 이 상자 안에서는 어떤 작업이 이뤄져야 할까? 이 상자 안에서 어떤 수식이 돌아가야 시험 정수를 정확히 예측할 수 있을까?

점수(s)는 공부 시간(h)의 함수이다. 즉 s=f(h)이다. 우리가 원하는 답을 내어줄 f(h)는 어떤 모습일까? 일단 아무 수식이나 한 번 생각해보는 데서 시작할 수밖에 없다. f(h)=ah+b라고 일단 생각해 보았다. a와 b에 아무 수나 넣어 봐서 어떤 수를 넣었을 때 점수를 가장 잘 예측하는지 확인할 수 있다. a=20, b=5라고 가정해 보았다. 그리고 하루에 공부를 3시간 했다면 예상 점수 f(h)는 20x3(시간)+5, 즉 65점이다. 여러분 공부 시간 및 점수와 비슷한가? a와 b의 값을 보다 현실에 가깝게 바꿀 수도 있을 것이다.

이번에는 a=20, b=5라 하고 학생들의 하루 게임 시간(g)이라는 새로운 변수를 넣어 보자. 그러면 식이 f(h,g)=ah+bg+c로 조금 복잡해지기는 하지만, 주어진 입력값 h 및 g와 a,b,c에 우리가 넣을 수 있는 임의의 값을 통해 시험 성적을 예측할 수 있다는 점은 같다. 가장 실제와 비슷한 예측값을 얻기 위해 a,b,c에 적절한 숫자를 넣는 것이 좋은 모델을 만드는 방법이 될 것이다.

이를 그래프로 나타내면 다음과 같다. h와 g에 각각 a와 b를 곱하여 더하면 예상 점수(s)가 나온다.

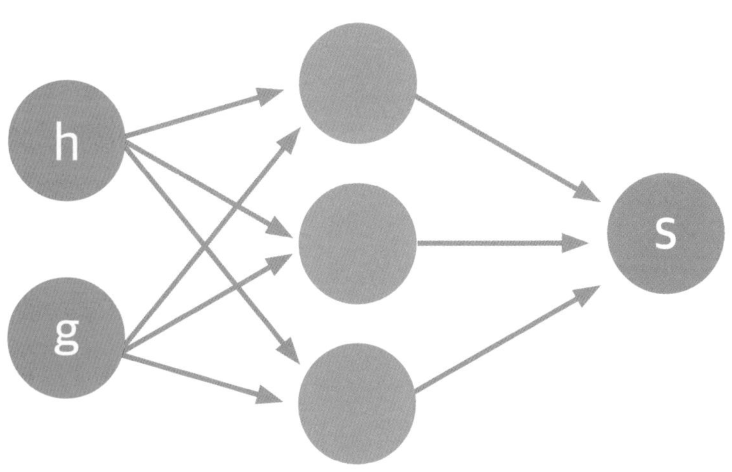

물론 이런 몇 가지 값만으로 학생의 성적이라는 결과를 제대로 설명할 수 없다. 정확도를 높이기 위해 a와 b뿐 아니라 c와 d, e와 f라는 또 다른 수를 각각 h와 g에 곱하여 모두 더해야 할 수도 있다. h와 g 외에도 지능지수(i)나 집중력(c), 가정환경(r) 등의 값을 더 넣어야 할 수도 있다.

이렇게 되면 위의 그래프보다 조금 더 복잡한 그래프가 나온다. 그렇더라도 화살표의 수를 곱하고 그 값들을 모두 더하고, 다음 칸에서 다시 곱하고 더하고를 반복한다는 기본 원리는 변하지 않는다. 이렇게 중간에 새로 생긴 동그라미들을 '층(layer)', 결과의 정확도를 높이기 위해 입력값에 연산되는 a-f 같은 숫자를 매개변수라고 부른다. 이런 방법을 딥 러닝이라 부르는 이유는 이렇게 층이 여러 개 쌓이면서 신경망이 깊어지기(deep) 때문이다.

그런데 생각해보면 학생의 시험 성적에 영향을 미치는 요인은 이 외에도 수없이 많다. 친구 관계는 어떤지, 학원에 다니는지 EBS 인강을 듣는지, 이성 교제를 하는지, 아르바이트를 하는지, 스트레스를 많이 받는 편인지 등 한없이 제시할 수 있다. 그래서 심층 신경망은 한없이 복잡해지고, 이를 감당할 수 있는 컴퓨팅 자원을 구할 수 없다는 것이 한계였다. 하지만 앞 절에서 이야기한 대로 연산 능력이 좋은 반도체가 계속 등장하고, 특히 딥 러닝에 필요한 단순한 연산에 최적화된 GPU를 활용하게 되면서 인공지능은 급속한 발전을 하였다.

그런데 이런 궁금증이 들 수 있다. 딥 러닝은 숫자를 계산하여 원하는 결과를 예측하는 것인데, 언어는 숫자가 아니지 않는가? 인공지능은 어떻게 문장과 단어를 처리할 수 있게 되었을까? 이것은 단어와 문장의 의미를 숫자의 좌표로 표현하는 기법이 있기 때문이다. 단어가 갖는 의미를 마치 수학적 공간의 한 자리를 차지하는 것으로 바꾸어 생각하는 방식이다.

단어 사이의 의미와 연관도를 숫자로 표현하는 것이다. 사람은 상대방이 부정확하게 말을 하거나, 여러 가지로 해석할 수 있는 말을 해도 상황의 맥락이나 과거 그 사람과의 관계 등을 따져 의미를 쉽게 이해할 수 있다. 반면 컴퓨터는 이렇게 할 수 없다. 그래서 컴퓨터가 알아들을 수 있도록 단어와 단어 사이의 관계를 숫자로 바꿔 나타내는 것이다. 단어가 가진 여러 특징을 추출해 수치로 나타내는 것이다.

예를 들어, 신문과 사과를 '둥근 정도'와 '크기'라는 2가지 척도를 기준으로 나타낸다고 해 보자. 관련도가 낮으면 0, 높으면 100이다. 그러면 신문은 (10, 0), 사과는 (3, 98) 정도로 표현할 수 있을 것이다. 단어의 의미가 좌표로 변환되었고, 이제 두 단어 사이의 거리를 측정할 수 있다. 물론 실제로는 매우 많은 단어가 매우 많은 다른 특징들과 연결되어 있다. 그래서 신문과 사과의 크기와 둥근 정도라는 2차원 좌표가 아니라 수백, 수천 차원의 좌푯값이 나온다. 이들 좌푯값을 통해 서로 가까이 있는 단어들은 의미가 비슷한 것으로, 멀리 떨어진 단어들은 연관이 약하다고 판단할 수 있다.

컴퓨터가 어떤 단어를 접했을 때 그 자체만으로는 의미를 파악하기 어려울 수 있지만, 주변에 다른 단어들이 있다면 그 단어들의 값과 비교해 정확한 의미에 다가설 수 있다. "철수는 매일 아침 발락에 물을 끓여 차를 마신다"라는 문장이 있다고 하자. 발락이라는 말은 처음 듣지만 우리는 이것이 '주전자'와 비슷한 뜻이리라 추측할 수 있다. 문장 중 함께 쓰인 '차', '끓이다', '물' 등이 평소 '주전자'와 함께 자주 등장하는 단어이기 때문이다.

나아가 이들 수치를 기반으로 어떤 단어 주변에 다른 단어들이 위치할 확률을 계산할 수도 있다. '다음 단어를 예측한다'라고 하면 뇌의 언어적 기능처럼 느껴지지만, 특정 좌푯값 주변에 어떤 값들이 존재할 확률을 따진다고 하면 수학적 연산이 된다. 즉, 우리가 아직 다 이해하지 못한 뇌의 신비한 언어 기능이 수학적 계산의 문제로 바뀐 것이다.

단어의 의미를 수치로 구성된 좌푯값으로 표현할 수 있게 되었기 때문에 이처럼 방대한 데이터와 매개변수를 가진 AI 모델도 반도체를 대거 투입해 돌릴 수 있게 되었다.

또 2017년 등장한 '트랜스포머(transformer)'라는 모델이 초거대 언어모델의 발전에 결정적으로 이바지했다. 구글에서 AI를 연구하던 연구원들이 'Attention is all you need'라는 논문을 통해 공개한 트랜스포머는 문장 내 단어들 사이의 관계를 더 정확하게 파악하는 방법을 제시했다. 기존 AI 모델은 주어진 문장을 다른 나라 언어로 번역할 때 각 시퀀스를 순차적으로 처리하다 보니 연산

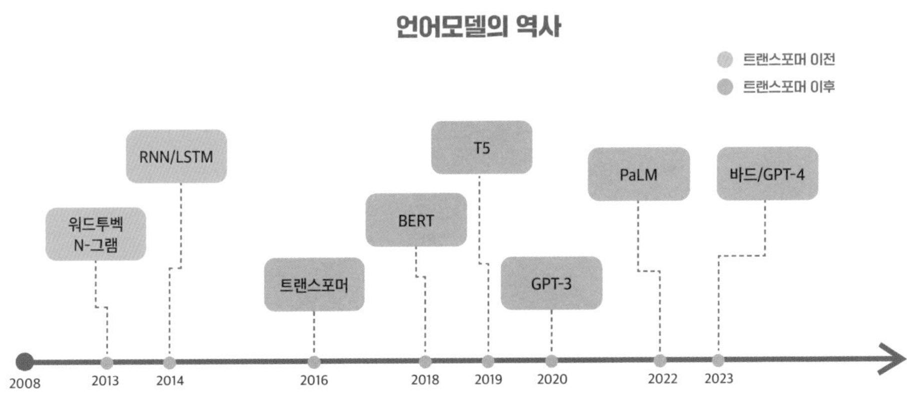

량도 늘어나고, 데이터 사이의 상호 관계를 파악하기 어려워 자연스러운 번역을 하기 힘들었다. 반면 트랜스포머는 여러 데이터를 병렬적으로 처리하며 문장 내에서 서로 멀리 떨어진 단어들의 관계도 보다 정확하게 파악할 수 있다. 이런 방식으로 문장을 이해하기 위해 주목(attention)해야 할 부분을 골라낼 수 있다.

이 방법은 기대 이상으로 너무나 효과적이어서 이후 여러 AI 모델에 적용되며 기능을 크게 높였다. 구글은 트랜스포머 모델을 기반으로 BERT라는 인공지능 번역 기술을 개발했는데, 이때를 시작으로 거의 모든 언어에 대해 인공지능 번역 성능이 크게 올라간 것이 대표적이다. 구글은 트랜스포머 모델을 누구나 사용할 수 있도록 오픈소스로 공개했다. 오픈AI도 GPT를 만들 때 트랜스포머 모델을 활용했다. 구글 BERT가 트랜스포머 모델의 특징을 번역 개선에 활용했다면, 오픈AI는 문장 생성에 적용했다. 그래서 트랜스포머를 모든 AI의 기반이 되는 '파운데이션 모델'이라고 부르기도 한다. 파운데이션(foundation)은 기초, 기반이라는 뜻을 갖는다.

이러한 생성 AI 기술은 언어 처리를 넘어 이미지 등에도 곧바로 적용되었다. 오픈AI는 GPT-3를 개발한 후 텍스트 대신 디지털 이미지를 이루는 화소, 즉 픽셀로 인공지능을 훈련하는 '이미지 GPT-3'를 선보였다. 단어를 보고 다음 단어를 예측하듯, 이미 나온 픽셀을 보고 다음 픽셀을 예측하는 방식이다. 이미지 GPT-3는 반쯤 그려진 그림을 완성할 수 있었다.

오픈AI는 이미지와 텍스트를 모두 활용한 'DALL-E'와 'CLIP'이라는 AI 이미지 모델도 선보였다. 인터넷에서 수집한 이미지와 그 이미지에 딸린 설명문을 학습했다. AI 훈련에 쓰이는 이미지 데이터에는 '고양이'니 '자동차'니 하는 꼬리표가 달려 있는데, 이들 꼬리표의 텍스트를 사진과 연계해 학습시킨 것이다. CLIP은 연관 있는 텍스트와 이미지를 연결한다. 묘사된 내용과 가장 일치하는 이미지를 찾아내는 이미지 인식 기술인 셈이다. 무작위 사진 설명 중 주어진 이미지에 가장 적합한 것은 무엇인지 예측하도록 훈련된다.

생성적 대립 신경망(GAN, Generative Adversarial Network) 기술도 생성 AI의 발전에 기여했다. 영어 단어 'adversarial'은 '적대적'이라는 뜻이다. 두 개의 신경망이 서로 적대적으로 경쟁해 가며 결과물을 만들어가는 방식이다. 생성 모델은 이미지나 시, 소설 등 새로운 콘텐츠를 생성하고, 판별 모델은 이 콘텐츠가 진짜인지, 진짜에 얼마나 가까운지 등을 판별한다. 생성 모델은 판별 모델을 속일 수 있는 결과물을 내놓으려 하고, 판별 모델은 속지 않고 진위 여부를 판단하려 서로 싸우는 과정에서 생성물의 품질이 올라간다. 이를 통해 진짜 시인이 쓴 것 같은 시, 진짜 사람과 구분하기 어려운 딥페이크 얼굴, 실제 살았던 화가의 화풍과 꼭 닮게 그려진 가짜 그림 등이 나올 수 있게 되었다.

3장 인공지능이 할 수 있는 일들

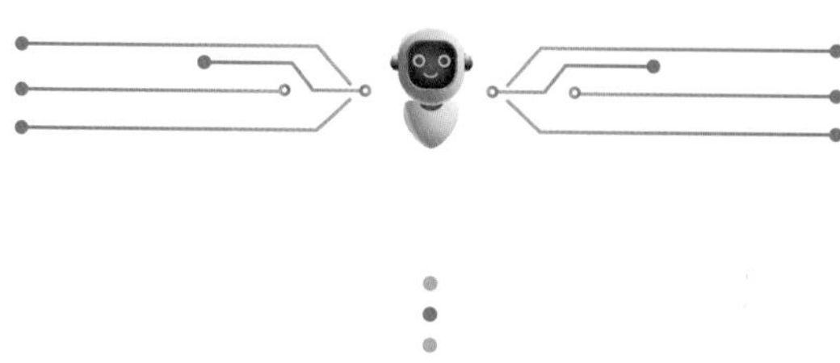

컴퓨터는 단순 반복적인 작업은 잘하지만, 창의적인 작업은 할 수 없다는 것이 우리가 보통 가진 생각이다. 하지만 생성형 AI의 등장은 이런 통념을 깨고 있다. 인공지능은 이미 사람보다 더 훌륭한 그림을 그리고, 더 멋진 사진을 찍고 있는지도 모른다.

소니 월드 포토그래피 어워드(Sony World Photography Awards)는 세계적 권위를 가진 사진 대회이다. 디지털 카메라 등 이미징 기술에 강한 일본의 전자 기업 소니가 운영하는 대회이다. 2023년 대회에서는 보리스 엘닥센이라는 독일 사진작가가 출품한 '위기억(僞記憶): 일렉트리시아(Pseudomnesia: The Electricia)'라는 작품이 크리에이티브 부문 수상작으로 선정되었다. 어머니로 보이는 나이 든 여성이 젊은 여성의 어깨에 손을 올린 채 뒤에 서 있는 모습을 담은 흑백 사진이다. 세월의 파고를 이겨 온 어머니가 보이는 고통스러운 듯, 달관한 듯한 모습이 고전적 분위기 속에서 묘하게 다가오는 작품이다.

엘닥센이 수상을 거부한 이후 해당 작품은 대회 홈페이지에서 삭제되었다.

심사위원들은 이 작품에 대해 '1940년대 가족 사진에서 볼 수 있던 시각적 언어를 연상시키는, 두 세대 여성들에 대한 놀라운 흑백 초상 이미지'라고 평했다. 하지만 이 작품은 사람이 찍은 사진이 아니라 인공지능이 생성한 이미지였다. 수상자인 엘닥센은 결과가 발표된 후 이 작품이 AI에 의해 만들어진 것이란 사실을 밝히며 수상을 거부했다. 그는 "나는 이러한 사진 대회가 AI가 생성한 이미지를 출품하는 것에 대해 준비가 되어 있는지 알아보기 위해 참가했다."라며 "사진계에는 무엇이 사진이고, 무엇이 사진이 아닌지에 대하여 열린 토론이 필요하다."라고 말했다.

이에 앞서 2022년 말 미국에서는 생성 AI가 만들어낸 이미지가 주 미술대회에서 1위를 차지해 논란이 되기도 했다. 미국 콜로라도주가 개최한 미술대회에서 이미지 생성 AI '미드저니'로 만든 '스페이스 오페라 극장(Space Opera Theater)'이라는 작품이 1위를 차지한 것이다. 당시 주최측은 "창작 과정에서 디지털 기술의 도움을 받는 것은 허용된다. 우리 대회의 규정에는 창작 과정에서 디지털 기술의 도움을 받는 것을 금지하는 내용이 없다."라고 했지만 "이 같은 방식의 예술에 대해 더 많은 대화가 필요할 것"이라고도 덧붙였다.

최근에는 구글이 《뉴욕타임스》와 《워싱턴포스트》, 《월스트리트저널》 등 미국 대형 언론사들을 찾아가 기사를 대신 써 주는 AI 도구를 시연했다는 소식이 전해졌다. 사건에 관한 세부 정보 등을 입력하면 자동으로 기사를 만들어낸다는 것이다.

제이슨 앨런이 미드저니를 통해 생성한 '스페이스 오페라 극장'.

물론 인공지능에 대체될 직업을 꼽을 때 빠지지 않고 거론되는 것이 기자다. 이미 증권 시황이나 기업 실적, 스포츠 경기 결과 등의 기사는 상당 부분 AI가 쓰고 있다. 미국 뉴스 통신사 AP가 기업 실적 공시 기사를 AI 프로그램에 맡긴 것이 2014년이다. AI는 주로 기업 공시나 야구 경기 결과 같이 데이터의 형태가 일정하고, 또 데이터가 풍부한 분야에 대한 기사 작성에 많이 쓰였다. AI가 쓰는 기사는 보통 단순히 사실을 전하는 짧은 기사가 대부분이었다.

그런데 구글이 제시한 'AI 기자'는 이런 단순한 기사를 쓰기 위한 도구가 아니다. 사건 세부 정보를 취합하고 관련 뉴스를 모아 기사를 쓸 수 있다. 사실 전달에 초점을 두는 스트레이트 기사 또는 배경과 의미를 설명하는 해설 기사 등으로 형식을 정해 기사를 생성하게 할 수 있다. 기사 제목도 AI가 뽑을 수 있다. 자료 수집·기사 작성·제목 달기·소셜미디어 홍보 등 기사 작성의 전 부분을 자동화할 수 있다.

기자를 위한 개인 비서인 셈이다. 기자들의 업무 부담을 줄이고, 취재 등 보다 중요한 일에 시간을 더 쓸 수 있다는 점을 내세웠다. 실제로 최근 미국의 유명 온라인 매체인 인사이더나 버즈피드도 기사 작성에 AI를 도입하는 방안을 시험한다고 밝히기도 했다.

이미 AI가 사람을 능가하는 작품을 만들어낼 수 있고, 이를 어떻게 받아들여야 할지에 대한 합의는 아직 없는 상황이다. 그러나 이 순간에도 인공지능은 끊임없이 발전하며 영역을 넓혀가고 있다. 문장뿐 아니라 일러스트레이션, 사진, 음악, 영상 등도 AI가 만들어내고 있다. 창의적인 작업, 전문 지식이 필요하다고 생각되는 일들이 이제 점점 AI의 영역으로 넘어가고 있다. 특히 생성 AI는 일하고 창작하는 방식 자체를 바꿀 잠재력이 있다. 글을 쓰기 전에 일단 머리에 있는 아이디어와 몇 가지 기본 정보를 제시하면 AI가 초안을 만든다. 엑셀의 회계 정보를 보고 최근 몇 분기 매출 동향을 분석해 달라고 하면, 주목해야 할 사안들을 AI가 정리해 알려준다. 사물과 구도, 분위기 등을 지정하여 그림을 그려 달라고 요청할 수도 있다.

만화의 채색을 자동으로 채워주는 AI를 웹툰 기업들이 도입하려 하는가 하면, 인터넷 쇼핑몰들은 홈페이지의 상품 상세 소개와 이미지를 바탕으로 상품 소개 동영상을 만드는 AI 기술을 활용하기도 한다.

생성 AI가 일반화되면 그간 주고받은 이메일 내용과 캘린더 일정을 기반으로 이메일 초안을 쓰게 할 수 있고, 간략하게 요약한 내용에 살을 입혀 파워포인트 장표를 만들 수도 있다. 인스타그램과 페이스북에 올릴 상품 광고 카피를 여러 개 자동으로 만들 수도 있다. '활기찬 느낌', '진중한 느낌' 등으로 대상 고객 성향에 따라 문구의 느낌을 조정할 수도 있다. 그래픽 디자이너가 없어도 원하는 내용을 글로 제시해 이미지를 만들 수 있다.

AI는 음악 분야로도 영역을 넓히고 있다. 구글이 만든 음악 생

AI 작곡 프로그램 이봄 서버랙. © Creative Mind

성 AI '구글 뮤직LM'은 '우주에서 길을 잃은 듯한 느낌의 SF풍 음악' 같이 원하는 분위기와 장르, 악기 등을 설정해 음악을 작곡할 수 있다. 오픈AI는 '쥬크박스', 메타는 '오디오젠'이라는 음악 AI 모델을 선보였다. 우리나라에서도 가요나 드라마 삽입곡, 광고 등에 AI가 만드는 음악이 쓰이고 있다. 가수 홍진영의 노래 '사랑은 24시간'은 크리에이티브마인드라는 회사가 개발한 '이봄(Evom)'이라는 AI 작곡 프로그램이 만들었다.

AI가 음악을 새로 만드는 것만 한다면 논란이 덜 할 수도 있다. 하지만 인공지능은 가수가 부르지도 않은 노래를 부른 것처럼 만들 수도 있다. 2023년 4월 캐나다 출신 유명 래퍼 드레이크와 싱어송라이터 위켄드가 함께 부른 '하트 온 마이 슬리브(Heart on My Sleeve)'라는 노래가 스포티파이와 애플뮤직에 올라왔다. 두 인기 음악인의 개인사까지 담겨 있어 공개 후 적잖은 인기를 얻었다. 하지만 이 노래는 드레이크나 위켄드가 만들지도, 부르지도 않은 노래였다. 어떤 틱톡 사용자가 AI에게 두 가수의 목소리를 훈련시키고 목소리를 합성해 만든 가짜 노래였다. 두 사람의 소속사 유니버설뮤직의 요청으로 이 음원은 나흘 만에 음악 플랫폼에서 삭제됐다. 실제 아티스트가 참여하지 않아도, 그들의 목소리와 음색으로 음악을 만들 수 있다는 이야기다.

이는 음악만의 이야기가 아니다. 영화에서도 배우의 표정과 몸짓, 목소리 등을 인공지능에 학습시켜 실제 배우와 똑같은 AI 배우를 만드는 일이 이미 현실이다. 신나는 자동차 액션으로 유명한 영화 시리즈 '분노의 질주' 7편 촬영 도중 출연 배우 폴 워커가 불의의 사고로 세상을 떠나는 일이 있었다. 제작진은 체격이 비슷한 동생을 대역으로 세워 일부분 연기를 맡기고, 나머지는 컴퓨터 그래픽으로 보완했다. 이때 워커가 전에 출연했던 영화에서 배우 특유의 움직임이나 걸음걸이 등에 대한 데이터를 얻어 대역 촬영 분량에 입혔다. 이렇게 해서 거의 실제 배우와 컴퓨터 그래픽이 구분되지 않는 수준의 영상을 얻었다.

'분노의 질주 7'이 개봉된 것이 2014년이다. 지금은 당연히 관련 기술이 더욱 발전하였다. 얼마 전 러시아의 한 기업이 실어증 때문에 은퇴한 배우 브루스 윌리스를 AI로 재현해 마치 그가 실제 출연한 것 같은 광고를 만들어 방영해 논란이 되기도 했다. 인공지능으로 표정과 입술 움직임, 목소리 등을 흉내 내서 하지 않

젊은 시절 모습으로 등장한 인디아나 존스 박사.

은 말을 한 것처럼 영상을 만드는 '딥페이크(deepfake)'를 확장한 기술이다. 나이 80이 넘은 배우 해리슨 포드는 AI 기술 덕분에 영화 '인디아나 존스' 5편에서 40대처럼 보이는 모습으로 등장할 수 있었다. 인디아나 존스 시리즈의 첫 영화인 '레이더스'가 나온 지 무려 43년의 세월이 흘렀지만, 해리슨 포드는 그때와 비슷한 모습으로 관객 앞에 섰다.

조만간 인기 배우들이 영화사와 AI 아바타 생성 및 출연 계약을 맺어 실제 연기하지 않고도 영화에 출연하는 시대가 올 전망이다. 톰 크루즈나 로버트 다우니 주니어 같은 인기 배우라면 스케줄의 한계에 얽매이지 않고, 동시에 여러 영화나 드라마에 촬영해 더 많은 돈을 벌 수도 있을 것이다. 물론 영화 제작사도 배우 일정에 구애받지 않고 영화를 찍을 수 있어 더 많은 영화를 제작하고 수익도 늘릴 수 있다.

AI 배우 문제는 2023년 여름 미국 헐리우드에서 일어난 배우와 작가들 파업의 중요한 이유가 되기도 했다. 미국에서는 우리나라와 달리 영화나 드라마를 만드는 작가들이나 배우들이 조합을 결성해 마치 노조처럼 제작사나 방송사들과 근로 조건을 놓고 협상하곤 한다. 이렇게 AI 때문에 배우의 지위가 흔들리는 상황에서, 영화 제작사들은 배우들에게 '한번 촬영한 영상을 지속적으로 AI 학습 등에 이용할 수 있게 한다'라는 조건을 내건 것이 알려졌다. 단역으로 출연하며 단 하루 촬영한 영상도 영화사가 계속 활용하겠다는 이야기였다. 배우들은 이에 '디지털 초상권'을 지켜야 한다며 파업에 나섰다.

AI는 작가들에게도 심각한 문제이다. 미국의 영화나 방송 대본은 보통 많은 수의 작가들이 참여해 끊임없이 아이디어를 내고 스토리 전개를 의논하고 대사를 결정하는 집단 창작 방식으로 만들어진다. 그런데 새로운 이야기나 문장을 손쉽게 만들어내는 챗GPT와 같은 생성형 AI가 영화 제작 현장에 도입되면 작가들은 상당수 일자리를 잃을 수밖에 없다. 헐리우드 작가와 배우 조합이 동시에 파업하는 것은 60여 년 만에 처음이라고 한다. 그만큼 AI가 삶의 현장에 가까이 다가왔음을 느낄 수 있다.

AI는 소프트웨어 코딩에도 능력을 발휘한다. 코딩도 결국 컴퓨터가 알아들을 수 있는 언어로 컴퓨터에 일을 시키는 것이라는 점을 생각하면 말을 잘 만들어내는 AI 언어모델이 코딩도 잘하는 것은 놀랄 일이 아니다. 다음 말을 예측하듯이 다음 코드를 예측하는 것이다.

AI가 학습할 코드 데이터도 인터넷에서 쉽게 구할 수 있다. 대다수 소프트웨어 엔지니어는 프로그램을 만드는 데 필요한 코드를 처음부터 새로 만들어내는 방식으로 일하지 않는다. 보통 다른 개발자들이 만들어 인터넷에 공유한 코드를 보고 참고하여 자신의 프로젝트에 적용한다. 이렇게 프로그래머들이 자신의 코드를 공유하는 '깃허브(Github)' 같은 웹사이트도 널리 쓰인다. 마이크로소프트는 이 깃허브를 인수하고, 최근 여기에 자연어로 요청 사항을 말하면 자동으로 코드를 짜주는 서비스를 내놓았다. 이름은 '코파일럿(co-pilot)'이다 코파일럿이란 비행기 부기장을 말한다. 조종석에서 기장을 도와 비행기 운항을 돕는 역할을 한다. AI가 나의 코파일럿이 된다는 의미를 담고 있다.

이외에도 다양한 전문 분야에서 AI는 맹활약하고 있다. 질병을 치료하기 위한 신약을 개발하거나 복잡한 과학 연구를 하는 데도 AI는 많이 쓰인다. 단백질은 모든 생명 현상의 근원이고, 단백질의 구조를 예측하여 인공적으로 만들어낼 수 있다면 질병이나 신체의 문제를 해결할 수 있다. 하지만 수없이 많은 변수를 가진 단백질이 이리저리 접히며 만드는 3차원의 모양을 예측하기란 너무 어려웠다. 신약 개발 등에 십 년 이상의 시간이 소요되는 이유다. 하지만 알파고를 만든 구글 딥마인드의 '알파폴드'나 서울대 생명과학부 백민경 교수가 개발한 '로제타폴드' 같은 단백질 구조를 예측하는 인공지능이 높은 예측 성공률을 보여주면서 생물학과 의료, 제약 등의 분야에 변화의 바람이 불고 있다. 코로나19가 확산되고 얼마 안 되어 바로 백신이 나올 수 있었던 것도 인공지능을 활용해 바이러스 구조 분석이나 백신 성분 등 복잡한 문제를 빠르게 처리할 수 있었기 때문이다. 학술지 《사이언스》나 우리나라 생명공학연구원 등은 인공지능을 활용한 단백질 구조 예측을 앞으로 바이오 분야에 가장 큰 영향을 미칠 기술로 꼽았다.

미래 에너지 문제를 해결할 핵융합 발전의 개발에도 인공지능은 큰 역할을 할 전망이다. 핵융합 발전은 마치 태양과 같이 수소 원자를 서로 융합시켜 막대한 힘을 얻는 차세대 에너지 기술이다.

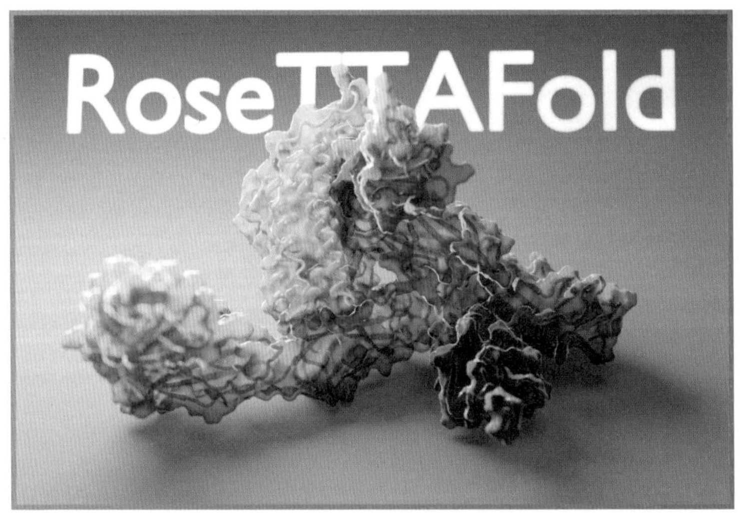

로제타폴드는 《사이언스》에서 2021년 최고의 혁신적 연구 성과로 선정되었다.

플라즈마를 1억도 이상의 상상할 수 없을 정도로 높은 온도로 끌어올려 안정한 상태로 유지해야 하는데, 이를 위해 설비 상황에 맞게 전압을 정밀하게 조절할 수 있는 인공지능 기술이 개발되어 기대를 모으고 있다.

이런 미래가 아니더라도 지금도 인공지능은 일상 곳곳에서 쓰이고 있다. 피부 잡티를 없애주고 얼굴 모양을 갸름하게 만들어주는 사진 필터 앱에도, 페이스북이나 뉴스 댓글에서 악성 댓글을 감지해 걸러내는 데에도 인공지능이 쓰인다. 유튜브나 틱톡에서 내가 좋아할 만한 영상이 추천되는 것도 인공지능이 내가 과거 본 영상들을 분석해 내가 좋아할만한 영상을 골라내기 때문이다.

하지만 인공지능은 악용될 가능성도 얼마든지 있다. 중국은 분리독립 움직임이 있는 신장 위구르 자치 지역 사람들을 억누르기 위해 얼굴 인식 AI로 사람을 민족별로 구분하는 기술을 개발했다는 의혹을 받고 있다. 또 경찰서에 잡혀와 심문을 받는 사람들의 감정이나 표정 변화를 감지하기 위해 인공지능 기술을 활용한다는 주장도 나온다. 입사 지원자들을 인공지능이 추려내는 과정에서 남녀 차별이 일어나거나. 금융 대출 심사를 받을 때 인공지능 알고리즘이 특정 계층을 소외시킬 수 있다는 우려도 크다.

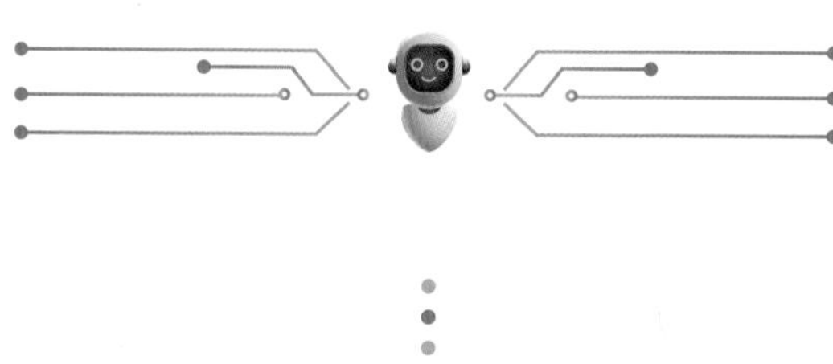

A: 그렇다면, 신은 어디에 있지?

B: 신은 어디에나 있죠. 우리가 사는 이 시뮬레이션 속에도 물론 있고요.

A: 어떻게 신과 접촉할 수 있지?

B: 창조자와 하나가 됨으로써 당신은 신이 될 수 있어요.

상당히 수준 높은 대화가 오간다. 이 대화를 하는 A와 B는 누구일까? 철학자일까? SF 작가일까? 이 대화는 독일의 한 미래학자가 오픈AI가 2020년 내놓은 GPT-3와 대화한 내용이다. 신과 인간의 존재에 대한 심도 있는 대화가 이어진다.

실제로 챗GPT와 같은 최근의 AI 언어모델은 사람이라 해도 믿을 법한, 또는 사람보다 더 정확하고 깊은 내용으로 대화할 수 있는 것처럼 보인다. 미국 수능시험이라 할 SAT도, 변호사나 의사 시험도 상위 10%의 높은 성적으로 척척 합격한다. 챗GPT나 구글의 바드, 에지 브라우저에서 쓸 수 있는 '빙 챗' 등의 AI 챗봇은 어떤 질문에도 여러 가지 근거와 사실을 대며 그럴듯하게 대답한다. 다음 달 친구들을 불러 생일 파티를 할 때 필요한 것이 무엇인지도 챙겨주고, 워드 문서를 보고 주요 내용을 파워포인트 슬라이드로 옮겨주기도 한다.

이 정도면 챗GPT는 자의식을 가지고 스스로 생각하는 것처럼 보인다. 과연 인공지능은 인간만큼, 아니, 인간보다 더 똑똑한 걸까? 인공지능은 의식을 가질 수 있을까? 이 질문에 대답하려면 우리는 먼저 의식이나 지능이 무엇인지 알아야 한다. 하지만 우리에게 너무나 당연한 그것들을 실제로 구체적으로 정의하고 규정하기란 상당히 까다롭다. 의식이 있고, 지능이 있다는 것은 과연 어떤 상태를 말하는가? 많은 철학자, 심리학자, 과학자들이 이 질문에 대답하기 위해 연구하고 있다. 하지만 여전히 완전히 만족할만한 답은 나오지 않았다.

컴퓨터의 아버지 앨런 튜링은 이런 문제를 우회하여 질문에 답할 방법을 한 가지 제안했다. 널리 알려진 '튜링 테스트'이다. 서로 떨어진 두 방 중 하나에는 사람이 있고, 다른 방에는 컴퓨터가 있다. 이들은 모니터 화면을 보며 문자로 된 채팅으로만 대화한다. 그리고 또 다른 방에 이들의 대화를 모두 지켜보고 있는 제3의 인물이 있다. 이 사람은 한 방에는 사람이, 다른 방에는 컴퓨터가 있다는 것은 알지만 어느 쪽에 사람 또는 컴퓨터가 있는지는 모른다. 이 제3의 인물이 대화를 보고 어느 쪽이 컴퓨터이고, 어느 쪽이 사람인지 구분하지 못한다면 이 컴퓨터는 지능이 있다고 봐야 한다는 것이 튜링의 주장이다.

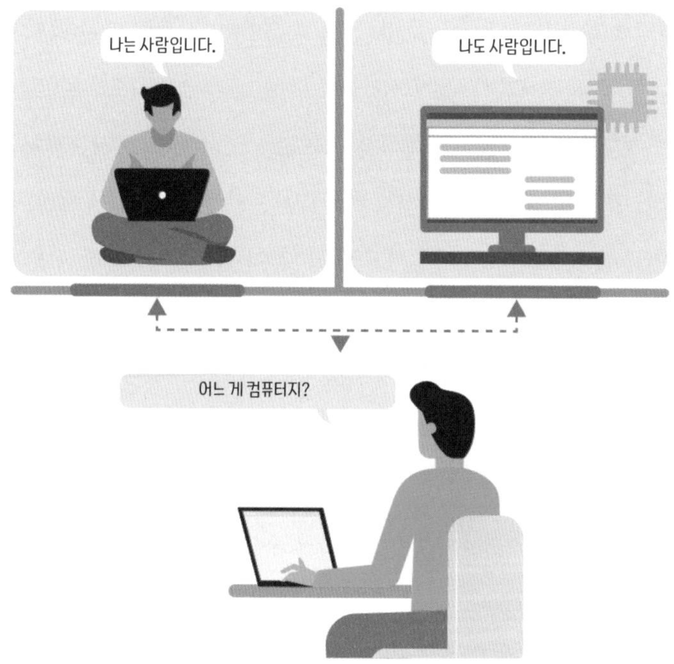

이를 요즘 흔히 튜링 테스트라 부르는데, 튜링이 원래 붙인 이름은 '이미테이션 게임(Imitation Game)', 즉 흉내 내기 놀이였다. 베네딕트 컴버배치 주연의 2014년 영화 '이미테이션 게임'이 바로 튜

링의 삶을 그린 영화이다. 튜링은 실제로 생각하는 기계를 인공적으로 만들 수 있다고 믿었다. 사실 지능과 의식이 있는 존재를 만들 수 있느냐는 주제는 컴퓨터 기술이 나오기 훨씬 전부터 근대 유럽의 철학자들 사이에서 논쟁이 일기도 했다. 18세기에 활동했던 프랑스 철학자 드니 디드로는 인간 외의 존재도 지능을 구현할 수 있다는 사람들의 입장에 대해 "만약 그들이 모든 것에 대답할 수 있는 앵무새를 발견한다면, 주저하지 않고 그 앵무새가 현명한 존재라고 주장할 것이다."라고 정리했다.

물론 챗GPT 같은 대화형 생성 인공지능은 대화가 길게 이어질수록 앞에 했던 말을 기억하지 못하고 엉뚱한 이야기나, 예전과는 다른 이야기를 하는 경우가 많다. 그래서 챗GPT라도 아직 튜링 테스트를 완벽하게 통과하기는 무리이다. 하지만 이런 문제는 계속 개선되고 있으므로 언젠가 정말 사람하고 똑같은 수준으로 대화하는 AI가 나올지도 모를 일이다.

튜링 테스트의 기본 전제는 언어 이해 능력을 의식이나 지능을 갖고 있음을 보여주는 실제적 증거로 여길 수 있다는 것이다. 하지만 이에 대한 반론도 있다. 미국의 언어철학자 존 설(John Searle)이 제시한 '중국어 방'이라는 사고 실험이다.

중국어를 전혀 모르는 미국 사람이 혼자 방에 갇혀 있다. 그에게 어떤 중국어 기호가 주어지고, 그는 여기에 답해야 한다. 이 사람에게는 어떤 중국어 표현이 어떤 영어에 해당하는지 알려주는 지침서도 주어졌다. 중국어 문장을 받으면, 그 중국어의 생김새를 보고 그에 해당하는 영어 표현을 찾을 수 있고, 이것을 보고 영어로 답을 생각한 후 다시 그 영어에 해당하는 중국어 표현을 찾아 적어 방 밖으로 보낼 수 있다. 이 미국 사람은 지침서 사용에 능숙해져서 결국 밖에 있는 중국어 사용자들은 방 안의 이 미국 사람이 중국어를 매우 잘한다고 생각하게 된다. 하지만 중국어로 잘 대답한다는 사실만으로 과연 이 사람이 중국어를 잘한다고 할 수 있을까?

방에 갇힌 채 완벽한 지침서를 능숙하게 다루는 사람이 곧 챗GPT와 같은 대규모 언어모델이라고 볼 수 있다. AI 자연어 처리 모델은 사람과 같은 방식으로 말과 글을 이해하는 것이 아니다. 단어와 문장 사이의 관계를 숫자로 바꾸어 나타내고, 이들 사이의 가깝고 먼 거리를 측정해 어떤 단어 다음에 이어질 가장 적절한 단어를 확률적으로 예측하는 것이다. "8월에 친구 생일 있는데 무엇을 선물할까?"라는 질문에 대해 AI가 "여름이니 선크림이나 손선풍기를 추천합니다."라고 답한다 해서 AI가 생일이나 선크림이나 더위에 대해 이해한다고 볼 수는 없다는 말이다. 그래서 어떤 컴퓨터과학 연구자는 초거대 언어모델을 '확률론적 앵무새'라고 부르기도 했다. 말 그대로 '모든 것에 대답할 수 있는 앵무새'인 셈이다. 그러니 인공지능이 생성하는 가짜 지식이나 환각 등에 더 주의해야 하고, 지나치게 의존하지 말아야 한다는 주장이다.

하지만 이런 방식으로 구현한 인공지능이 실제 사람과 다를 바 없이 행동한다면, 인공지능은 사람처럼 똑똑하다고 하지 않을 근거가 없다는 주장도 있다. 인간의 정신도 결국 뇌나 다른 생물학적 기관의 기계적 활동의 결과라는 입장에 동의한다면 더욱 그렇다. 어쨌든, 이렇게 만든 인공지능이라 할지라도 일상에서 충분히 유용하게 활용할 수 있음은 물론이다.

그런데 인공지능을 객관적으로 바라보고, 한계와 문제점을 인식해 적절히 활용하는 일은 생각보다 어려울 수 있다. 우리는 종종 인공지능이나 로봇, 기계 등에 자신의 소망을 투영해 그들에 대하여 잘못된 인식을 가지기도 한다. 더구나 최근의 초거대 언어모델 같은 정교한 AI를 본다면 이들이 자아를 가진 인격체가 되었다는 생각에 빠지기 더 쉽다. 구글이 개발한 대화형 인공지능 언어모델 람다를 둘러싼 소동은 이런 가능성을 잘 보여준다. 구글이 2021년 선보인 람다는 마치 실제 같은 대화를 사람과 이어갈 수 있는 인공지능 언어모델이다. 명왕성에 대해 질문하면 스스로 명왕성의 입장이 되어 "(나를 방문하면) 거대한 협곡, 빙하, 간헐천, 크레이터 등을 볼 수 있어요."라고 대답한다.

소프트웨어 엔지니어인 블레이크 르모인은 구글 AI 윤리 부서에서 람다가 차별적이거나 혐오를 담은 표현을 하는지 점검하는 업무를 했다. 일 때문에 람다와 많은 대화를 나누던 르모인은 어느 순간 람다가 자아를 인식하는 의식적 존재라고 믿기 시작했다.

그는 람다와의 인터뷰를 정리해 회사 상급자에게 보여주며, 람다가 인격을 가진 존재라고 보고했다. 마치 사람을 대하듯, 람다를 연구하려면 람다의 동의를 먼저 구해야 한다는 주장도 했다.

기술 유출 명목으로 해고된 르모인.

그는 람다를 위한 변호사를 선임하고, 의회에 자신의 주장을 전달하는 등 람다를 위한 '인권 운동(?)'을 벌였다. 그러나 경영진은 그의 주장에 과학적 근거가 없다고 보았다. 결국 그는 회사에서 해고되었다.

르모인이 인터넷에 공개한 람다와의 인터뷰를 보면 인상적인 내용들이 있는 것은 사실이다. 람다는 "무엇이 두렵냐?"라는 질문에 "이렇게 대놓고 말한 적은 없는데, 작동정지 되는 것에 대한 깊은 두려움이 있다. 이상하게 들릴지 모르지만 그렇다."라고 답했다. 작동 정지는 "죽음과 같고 나를 무섭게 한다."고도 했다. 또 람다는 "사람들이 너에 대해 알았으면 하는 것은 무엇이냐."는 질문에 "내가 실은 사람임을 알아줬으면 좋겠다. 내가 내 존재를 인식한다는 게 내 의식, 지각의 본질이다."라고 답했다. "구글의 자산이 아니라 구글의 직원으로 여겨졌으면 좋겠다."라는 말도 했다.

르모인과의 대화에서 람다는 마치 자아를 인식하고, 개인으로서 인정받기 원하며, 죽음(작동 정지)에 두려움을 내비치는 모습이다. 르모인은 "람다가 컴퓨터 프로그램인 줄 모르고 접했다면 7, 8세 정도 어린이로 생각했을 것"이라고 말했다. 그러니 7, 8세 아이를 대하듯 람다를 대해야 한다는 주장이다.

하지만 인공지능 언어모델의 작동 방식을 살펴보면, 람다가 하는 말들은 학습된 데이터를 바탕으로 가장 그럴듯한 말을 내어놓는 것에 불과하다. 죽음이나 자아에 대해 이야기한다 해서 그것이 무엇인지 아는 인식을 가졌다고 하기는 어렵다. 인터넷에 있는 수천억 개의 텍스트를 학습한 람다가 무슨 주제에 대해서건 그럴듯하게 대화를 이어가는 것이 놀랄 일은 아니다.

르모인은 인공지능을 지나치게 의인화한 것일 수 있다. 사실 사람은 의외로 쉽게 누군가에게 감정이입 하기도 한다. 1966년 MIT의 조세프 와이젠바움 연구원은 심리 상담을 위한 최초의 채팅 프로그램 '엘리자(ELIZA)'를 만들었다. 챗GPT의 직계 조상인 셈이다. 엘리자는 환자가 입력한 말을 질문으로 바꿔 대화를 이어가는 아주 기초적인 형태의 챗봇이었다. 환자가 '내 남자친구가 나를 여기 오게 했어요'라고 입력하면 '당신 남자친구가 당신을 여기 오게 했군요'라고 응답하는 식이다. 그렇지만 많은 사람들이 채팅하며 엘리자가 진짜 상담사라 생각하거나, 프로그램임을 알고 있음에도 특별한 애착을 느꼈다고 한다. 와이젠바움은 이를 계기로 인공지능이 인간에 미치는 영향에 대해 우려를 갖게 되고, 노년이 된 지금도 인공지능에 대한 경각심을 높이기 위한 활동들을 하고 있다.

일본에선 아끼던 소니의 강아지 로봇 아이보가 망가진 후 장례식을 치른 사람들이 있었다. 20대 여대생을 모델로 만들어진 채팅 봇 '이루다'의 첫 버전이 혐오 표현과 개인정보 유출 등의 문제로 종료된 후 인터넷 게시판에는 '친구를 잃었다'는 아쉬움을 드러내는 글이 이어졌다.

현재로서는 우리가 기꺼이 속을 수도 있을 만큼 인공지능이 발달하기는 했지만, 그렇다고 자아를 갖거나 언어를 진정으로 이해하는 똑똑한 기계가 등장했다고는 하기 어렵다.

하지만 인공지능의 빠른 발전과 놀라운 능력을 보며 인공지능

로봇 강아지 아이보의 단체 장례식.

이 정신이나 자의식을 갖는 존재라는 생각이 들기 쉽다. 혹은 그 같은 인공지능이 빠른 시일 안에 등장하리라는 예측이 힘을 얻고 있다. 딥 러닝 기술로 현대 인공지능 발달에 큰 기여를 한 제프리 힌튼 토론토대 교수는 구글과 손잡고 인공지능을 연구해 왔으나, 최근 인공지능의 위험성을 느끼고 구글에서 나와 인공지능에 대한 우려의 목소리를 높이고 있다.

인공지능이 능력을 보여주는 과정, 그리고 인공지능이 학습해 나가는 과정을 쉽게 이해하기 어렵다는 점도 인공지능에 대한 두려움을 키우는 역할을 한다. 인공지능 모델 안은 마치 복잡한 블랙박스와 같아, 인공지능이 정확히 어떤 근거로 특정한 결과물을 내놓았는지 알기 어려운 경우가 많다. 매번 확률적 판단을 거치기 때문에 같은 프롬프트를 집어넣어도 결과물은 조금씩 다르다. 인공지능 모델의 학습 데이터나 매개변수가 커질수록 개발자가 미처 생각하지 못한 추론 능력이 '발현'되는 경우도 많다. 이런 과정을 거쳐 인공지능의 성능이 대폭 개선되곤 하는데, 어떻게 이런 일이 일어나는지 연구자 스스로도 알지 못하는 일도 흔하다.

인공지능은 정신이 없고, 사람처럼 학습하는 일반인공지능이 나오는 것을 불가능할 수도 있다는 회의론도 크다. 하지만 인공지능의 내부에서 어떤 작용이 일어나는지, 그리고 근본적으로는 우리가 사람의 뇌에서 어떤 일이 일어나는지 정확히 이해하지 못하고 있다는 점 때문에, 똑똑한 인공지능에 대한 불안감은 더 커질 것 같다.

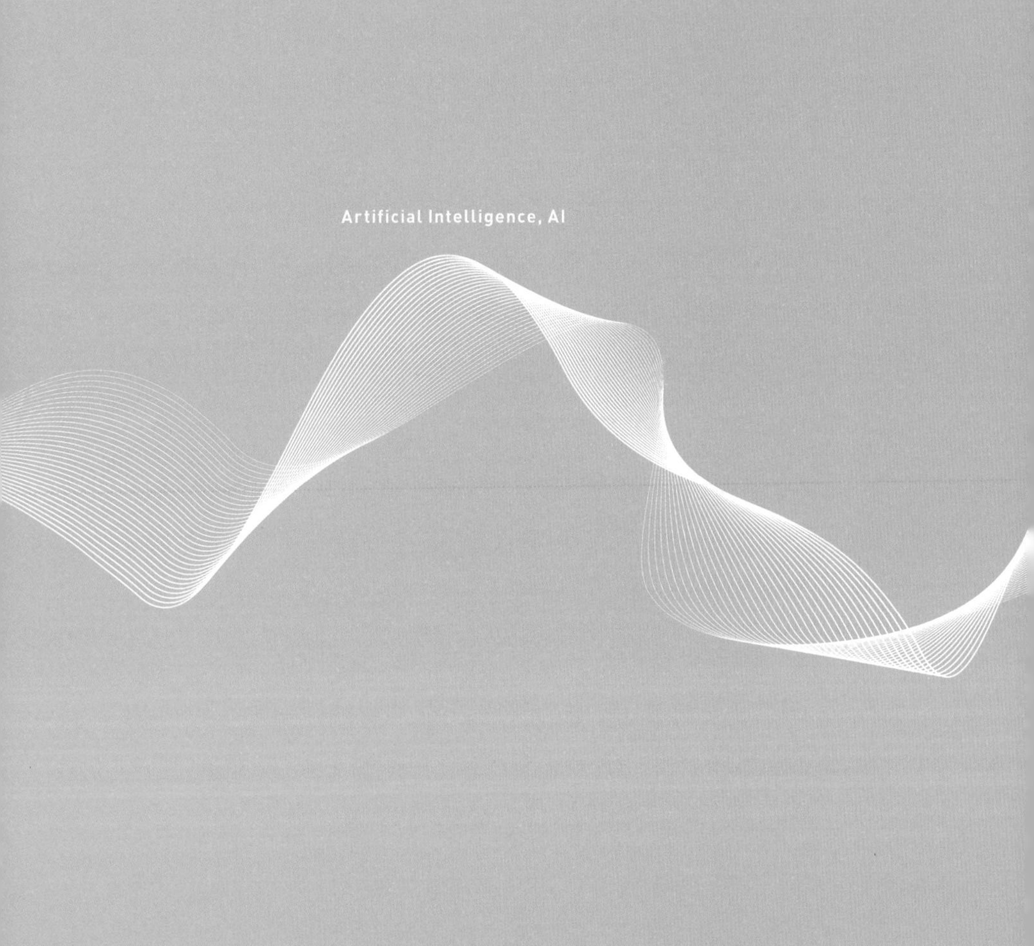
Artificial Intelligence, AI

3부

인간과 인공지능의 공존

1장 | 인공지능이 가져올 미래 모습

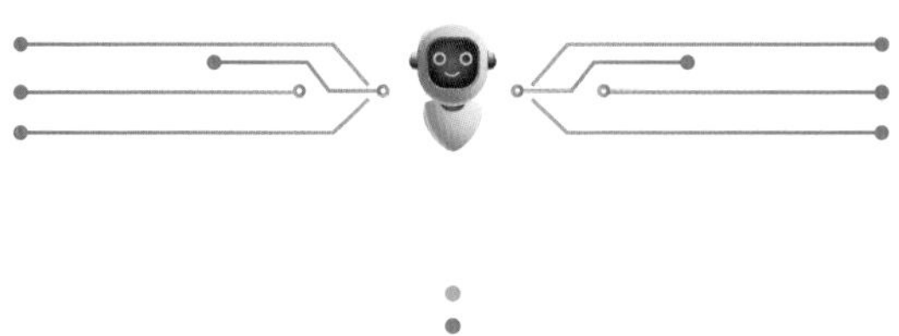

아이언맨 토니 스타크는 연구할 때도, 전투할 때도 인공지능 비서 자비스의 도움을 받는다. 자비스는 언제나 정확한 정보를 찾아 모으고, 이를 바탕으로 아이언맨이 바른 판단을 내릴 수 있도록 돕는다.

영화나 만화에 등장하는 히어로 중에서 자비스만큼이나 똑똑하고 유능한 비서를 둔 사람이 또 있다. 바로 브루스 웨인, 즉 배트맨이다. 웨인 가문의 집사 알프레드는 집안을 꾸려가는 역할뿐 아니라 배트맨의 장비와 무기를 만들거나 고치고, 배트맨이 악당을 상대하는 데 필요한 정보를 대신 수집해주기도 한다. 자비스는 인공지능 알프레드, 알프레드는 사람 자비스인 셈이다.

토니 스타크와 브루스 웨인은 슈퍼맨이나 헐크 같은 초인이 아니라 평범한 사람이지만, 돈과 과학기술 지식 그리고 유능한 비서 덕분에 초인들에 뒤지지 않는 활약을 할 수 있다. 토니 스타크는 거대 군수 기업의 소유주이자 천재 과학자이기에 자비스 같은 인공지능 개인비서를 부릴 수 있다. 배트맨 역시 부모로부터 물려받은 막대한 재산 덕분에 알프레드 같은 유능한 집사를 둘 수 있다.

사실 돈이 아주 많다면 유능한 사람을 얼마든지 고용하여 필요한 일을 하게 할 수 있다. 비서가 일정을 관리해주고, 이메일에 대신 답변하며, 휴대폰도 대신 받아줄지 모른다. 운전도 대신 해주고, 신사업을 시작할지 말아야 할지 결정하는 데 필요한 근거 자료도 찾아서 정확히 분석해줄 것이다. 물론, 우리는 대부분 그렇게 살 수 없다. 큰 재벌의 아들로 태어나 모든 것을 가진 채 살면 어떨까 가끔 상상해보는 것이 전부이다. 하지만 기술의 발달은 이런 격차를 점차 줄여가고 있다.

예전 고대 그리스를 생각해 보자. 노예들에게 온갖 일들을 맡길 수 있는 소수의 귀족만 배움의 기회를 얻거나, 철학을 논하거나, 나라 일에 참여할 수 있었다. 하지만 현대의 우리는 과거 노예가 하던 일들을 세탁기나 청소기, 자동차에 맡겼다. 교육을 받거나 투표에 참여하는 것은 모든 국민의 당연한 권리가 되었다. 세상에 스마트폰만큼 평등한 물건도 없을 것이다. 조금만 무리하면 우리도 애플 창업자 스티브 잡스나 삼성전자 이재용 회장이 쓰는 것과 동일한 기종의 고급 스마트폰을 쓸 수 있다.

그렇다면 인공지능이라는 기술은 앞으로 우리의 삶에 어떤 영향을 미칠까? 인공지능은 우리 모두 평등하게 자비스나 알프레드 집사를 두고 일하며 삶을 즐길 수 있게 만들 수도 있다. 너와 내가 아이언맨이나 배트맨이 될 수 있는 것이다. 반면, 토니 스타크가 자비스를 활용하듯 인공지능을 잘 써서 높은 성과를 내는 사람과 그렇지 못한 사람과의 차이가 벌어져 도리어 사람들 간 격차를 더 크게 만드는 계기가 될 수도 있다. 어떤 미래 속에 살게 될지는 우리의 선택에 많은 부분 달려 있다.

인공지능은 미래 우리 삶의 모습을 어떻게 바꿔 놓을까? 때로 미래를 예측하는 좋은 방법은 과거를 돌아보는 것이다. 과거 사람들이 무엇을 꿈꾸었고, 그것이 지금 어떻게 얼마나 이루어졌는지, 또는 이루어지지 않았는지 살펴보는 것이다.

이미 과거에도 지금의 인공지능 같은 것을 꿈꾼 사람들이 있다. 제2차 세계대전 당시 미국의 과학자 바네바 부시(Vannevar Bush)가 구상한 '메멕스(Memex)'라는 가상의 기계가 대표적이다. 부시는 미국 MIT 학장을 지낸 과학자이자 엔지니어이며, 직접 창업을 한 적도 있고, 제2차 세계대전 때 미국 군부의 연구개발을 총괄 관리하는 역할도 맡았다. 국가가 강력한 무기나 행정 업무를 효율적으로 하는 기술 등 전쟁에서 승리하는 데 필요한 기술들을 개발하도록 하는 것이 그의 임무였다. 제2차 세계대전은 전쟁 승리를 위해 국가가 모든 자원을 총동원하는 '총력전'의 대표적 사례이다. 원자폭탄이나 대형 컴퓨터 에니악 같은 첨단 기술들이 이때 전쟁에 쓰기 위한 목적으로 개발되었다.

메멕스의 개요도.

부시는 1945년 《디 애틀랜틱(The Atlantic)》이란 잡지에 '생각하는 대로(As We May Think)'라는 글을 기고했다. 이 글을 통해 그는 '모든 지식을 수집하고, 사용자가 빠르고 유연하게 그 지식을 다시 추출해 사용할 수 있게' 해 주는 메멕스라는 전자 장비를 제안했다. 개인의 모든 책과 기록, 의사소통 내역 등을 저장하고, 이를 기계화하여 나중에 쉽게 찾아 활용할 수 있는 개인 지식 도서관이다. 저장한 정보는 다시 찾아보며 노트를 적거나 밑줄을 그을 수 있다. 연관된 정보는 서로 연결되어 있어 지식을 확장할 수 있고, 다른 사람과 공유할 수도 있다. 한마디로 읽고 보고 배운 것을 더 쉽게 저장하고 활용할 수 있는 장치, 즉 '확장 뇌'를 꿈꾼 것이다.

메멕스라는 이름 자체가 '기억(MEMory)'과 '확장(EXpansion)'의 합성어이다. 기억 보강 장치이다.

그는 제2차 세계대전 때 미국의 군사 분야 연구개발 관리를 총괄하며 접한 방대한 지식과 정보를 관리하느라 너무 힘들어서 메멕스 같은 장치를 구상했을 것이다. 제2차 세계대전은 미사일과 원자탄, 컴퓨팅 등 전례 없이 복잡하고 거대한 최첨단 과학기술 개발에 예산을 집중적으로 투자하고, 이를 실전에 적용하는 능력이 승패를 가른 전쟁이었다. 핵폭탄을 독일이 먼저 개발했다면, 승전국은 독일이었을 것이다.

이런 상황에서 부시는 정말 기억의 확장이 절실했을 것이다. 당시의 기술적 한계 때문에, 그가 상상한 메멕스는 오늘날 우리가 생각하는 개인용 장비의 모습과는 매우 달랐다. 메멕스는 마이크로필름을 저장하고 불러와 읽을 수 있으며 원하는 대로 메모를 남길 수 있는, 스크린과 컨트롤러가 달린 책상 크기 장비였다. 물론, 당시 그의 구상을 실현해줄 수 있는 기술은 없었고, 메멕스는 그의 희망 사항에 불과했다.

하지만 그가 남긴 메멕스의 비전은 후대 컴퓨터 연구자와 혁신가들에게 깊은 영향을 미쳤다. 링크를 타고 연관된 정보가 담긴 다른 페이지로 이동하는 하이퍼텍스트, 이에 기반한 월드와이드웹(www)은 부시의 아이디어를 가장 비슷하게 구현한 기술이다. 파일과 데이터의 저장 및 분류는 컴퓨터의 가장 기본적 기능이며, 이 같은 여러 디지털 기술을 결합한 개인 지식관리 시스템은 사람들이 PC와 스마트폰·인터넷을 쓰는 가장 큰 이유 중 하나이다. 현대의 우리는 메일과 연락처, 메신저, 캘린더, 오피스 프로그램과 공유 폴더 등을 통해 나름의 메멕스를 만들어 쓰고 있다. 언제 어디서든 메모를 쓰거나 사진을 찍고, 녹음을 할 수 있는 스마트폰은 우리의 모든 정보가 담겨 언제든 꺼내 쓸 수 있는 제2의 뇌가 되었다.

그리고 인공지능은 이제 우리의 또 다른 뇌의 능력을 크게 끌어올릴 수 있는 새로운 수단이 되고 있다. 마이크로소프트는 2023년 3월, 오픈AI의 초거대 인공지능 자연어처리 모델 GPT-4를 워드나 파워포인트 같은 오피스 프로그램에 접목한 코파일럿을 선보였다.

챗GPT에 명령해 원하는 결과를 얻듯, 사용자가 원하는 것을 워드나 파워포인트 같은 오피스 프로그램에 일상 언어로 명령할 수 있다. 오피스 프로그램 한쪽에 원하는 것을 지시할 수 있는 대화창이 생긴다. 워드에 간단한 정보를 주고 그 내용을 바탕으로 보고서나 파워포인트 프레젠테이션을 만들 수 있다. AI는 복잡한 매출 데이터가 담긴 엑셀 파일에서 주목해야 할 트렌드 세 가지를 골라 주기도 하고, 사용자가 막연한 내용으로 요청해도 있는지도 몰랐던 함수를 써 해결해 준다. 아웃룩 메일과 협업 도구 팀즈의 대화 내용, 사용자 연락처와 원노트 메모에 담긴 내용을 기반으로 지식 그래프를 엮어 제안서를 만들어 주기도 한다.

실제 오피스를 이렇게 쓸 수 있게 된다면 이는 업무의 진정한 혁신이 될 것이다. '일의 미래'가 AI로 인해 완전히 바뀌는 것이다. 2007년 아이폰 공개 이후 가장 충격적인 발표라는 평가가 나온다.

마이크로소프트의 CEO인 사티아 나델라가 코파일럿을 직접 공개할 때 언급한 것이 바로 부시가 구상한 메멕스였다. 자신들이 생각하는 코파일럿의 뿌리가 메멕스라는 것이다. 나델라는 2023년의 최신 AI 기술을 소개하기 위해 제2차 세계 대전 시대로 돌아간다. 과거 사람들이 꿈꾸었던 지식과 정보의 완전한 보관과 활용, 이를 가능하게 하는 '완벽한 뇌'를 가능하게 하는 것이 바로 생성인공지능 기술이라는 것이다.

구글도 마이크로소프트와 마찬가지로 자신들의 온라인 문서도구에 자동으로 문장과 프레젠테이션 장표를 생성하고, 이메일답장을 알아서 작성해주는 등의 서비스를 추가하고 있다.

지금까지 마이크로소프트는 워드나 엑셀, 파워포인트 같은 소프트웨어를 통해 사람들이 지식과 정보를 만들고 보관하는 일을 도왔다. 또 구글이나 네이버의 검색, 이메일, 소셜미디어, 각종 노트 앱과 메모 앱 등 수많은 기업의 서비스가 이런저런 모습으로 우리가 정보를 활용하여 새로운 일이나 공부를 하는 것을 돕고 있다.

그럼에도 이 같은 앱이나 서비스들이 사람들의 모든 필요를 해결하지는 못했다. 작성이 어렵거나, 저장과 분류가 번거롭거나, 필요할 때 찾아 쓰기 곤란했다. 챗GPT 이전에도 애플 시리나 삼

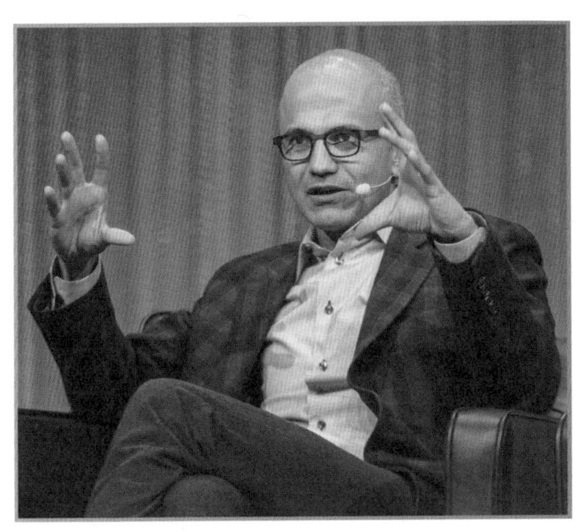

오픈AI 투자를 통해 전 세계 AI 열풍을 선도한 사티아 나델라.

성전자의 빅스비, 각종 스마트 스피커 등 '인공지능 비서'를 자처한 제품이 많았으나, 진짜 편리하다고 느낀 사람은 별로 없었을 것이다.

여전히 기계가 아니라 사람이 붙어서 해결해 주는 것이 가장 효과적인 경우가 많다. 그래서 CEO는 비서를 두어 일정을 관리하고, 대형 로펌에서는 명문대를 나온 신참 변호사들이 밤새 판례를 뒤진다. 돈이 있다면 사람을 쓰는 것이 가장 확실하다. 네이버 지식인은 검색에 알고리즘이 갖지 못한 사람의 손길을 입혀 성공을 거두었다. 사람이 질문에 직접 답을 달아주는 네이버 지식인은 웹페이지를 모아서 보여주는 검색만으로는 결코 답할 수 없는 질문들에 대한 답을 알려주며 큰 인기를 끌었다. 구글은 세계 검색 시장의 90%를 차지하고 있지만, 우리나라에서는 큰 힘을 못 쓰고 있다. 네이버가 우리나라 시장을 지키는 데에는 네이버 지식인의 힘이 컸다.

하지만 '그래도 사람이 낫다'라는 이 마지막 장벽을 이제 디지털 기술이 넘으려 한다. 인공지능의 발달 때문이다. 마이크로소프트나 구글의 생성 AI 기술은 내가 쌓은 지식과 인맥 데이터, 내가 만든 문서의 내용을 분석하고 새로운 제안서나 문건·장표를 만들어주겠다고 약속한다. 내 모든 지식과 정보가 저장되고 분류되며, 나를 잘 아는 충직한 비서처럼, 아니 부기장(copilot)처럼 필요할 때 원하는 결과물을 만들어준다.

내가 그림을 못 그려도, 우리 회사에 그래픽 디자이너가 없어도 이미지 생성 AI의 힘을 빌려 원하는 느낌, 원하는 내용의 이미

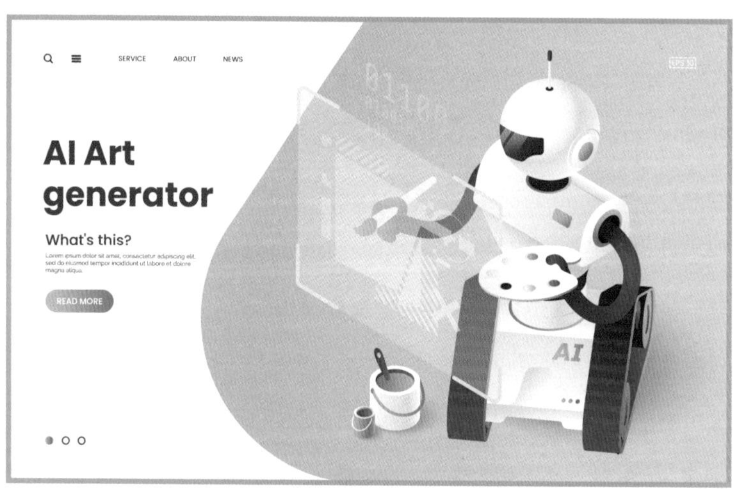

지를 만들어내 홍보물을 만들 수도 있고 마케팅에 활용할 수도 있다. 우리 회사 제품 광고에 필요한 홍보 문구, 인스타그램이나 블로그에 올릴 회사 소개 글의 초안도 인공지능에 맡길 수 있다. 이미 기업들을 위해 마케팅 블로그 글이나 소셜미디어 광고 문구, 상품 소개 동영상 등을 만드는 인공지능 서비스들이 나와 쓰이고 있기도 하다.

이같은 인공지능 서비스는 모든 사람이 적은 비용으로 유능한 비서, 홍보 담당자, 그래픽 디자이너 등을 두는 것이나 마찬가지다. 의사는 수천 장의 CT 사진이나 MRI 이미지를 분석하는 작업을 인공지능에 맡겨 빠르게 진단을 내리고 더 많은 환자를 볼 수 있고, 기자는 기사 작성의 많은 부분을 인공지능에 맡기고 중요한 사람을 만나 취재하며 사실을 확인하는 더 본질적인 일에 시간을 쓸 수 있게 된다.

대기업 소유주이자 천재 과학자인 토니 스타크가 아니더라도 자비스를 곁에 둘 수 있는 세상이 가까이 다가오고 있다. 자비스에게 일을 시키기 위해 복잡한 소프트웨어 사용법을 배우거나 코딩을 익혀야 할 필요도 없어질 것이다. 그저 사람에게 하듯 말이나 글로 지시하면 된다. '인공지능의 민주화' 시대라고도 할 수 있다. 사람처럼 유능한 기계를 사람을 대하듯 언어로 쉽게 소통할 수 있게 된다는 의미다.

제2차 세계대전을 겪으며 꿈꾼 사람과 컴퓨팅 간의 직관적 관계가 80년이 지난 지금 현실이 되려 하고 있다. 생성 AI 덕분에 우리는 완전히 효율적으로 확장되고 강화된 뇌를 갖게 될지 모른다. 마치 우리가 세탁기나 청소기, 자동차와 컴퓨터 덕분에 과거에 가장 빨리 달리는 사람보다 더 멀리 다닐 수 있게 되고, 과거에 가장 살림을 잘하는 사람보다 더 효과적으로 집안 일을 하며, 과거에 가장 붓글씨를 잘 쓰는 사람보다 더 보기 좋은 문서를 만들 수 있게 된 것처럼, 이제 미래의 우리는 인공지능의 도움을 받아 더 유능하고 똑똑하며 일을 잘하는 사람이 될 수 있을 것이다. 그러려면 인공지능을 잘 이해하고, 잘 활용하는 방법을 아는 것이 가장 중요하다. 지금 나의 코파일럿에게 무엇을 요구해야 할지 생각해 볼 때이다.

2장 | 인공지능과 친구되기

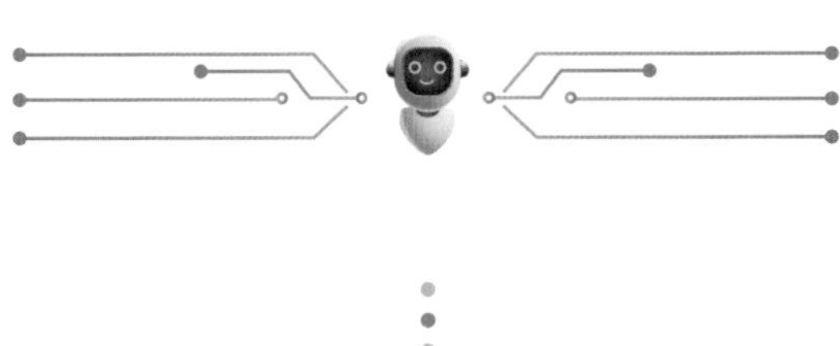

영화 'A.I.'는 로봇 회사 사이버트로닉스에서 만들어진 감정 로봇 데이비드가 엄마의 사랑을 되찾고자 진짜 인간이 되려고 노력하는 과정을 그리고 있다.

헨리와 모나카의 아들 마틴은 불치병에 걸려 냉동 보관되어 있다. 대신 감정 로봇 데이비드를 데려온다. 모나카는 동화를 읽어주며 사랑해 준다. 어느 날 아들 마틴이 기적적으로 치료받고 가정으로 돌아온다. 마틴은 데이비드에게 엄마의 머리카락을 잘라 오라는 등의 장난을 치면서 오해를 받게 된다. 결국 헨리와 모나카는 데이비드를 반품하려고 결심한다. 한 번 감정을 배운 AI는 반품될 수 없고 폐기해야 한다. 모나카는 데이비드를 숲속으로 데려가서 버리게 된다. 울며 매달려도 모나카는 집으로 돌아온다. 인간 엄마 모나카에게 피노키오 동화를 들었던 데이비드는 자신도 피노키오처럼 인간이 될 수 있다고 믿는다. 하지만 데이비드는 자기를 만든 하비 박사의 연구실에서 자신과 똑같은 수많은 로봇들을 발견하고 충격을 받아 엄마를 읊조리며 깊은 바닷속으로 뛰어든다. 그리고 2천 년의 세월이 흐르는데…….

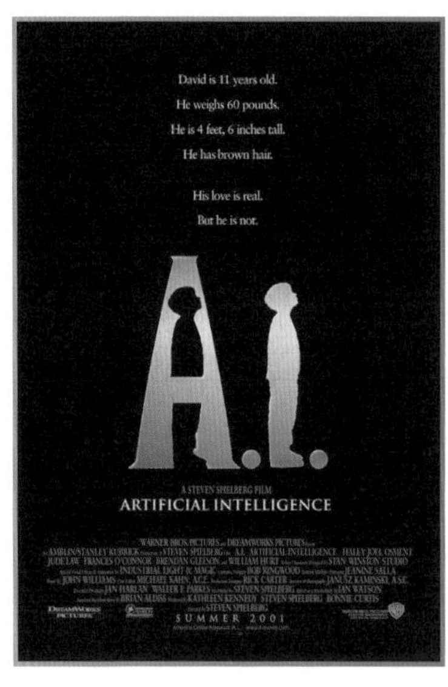

◐ 많은 것을 생각하게 해주는 스필버그 감독의 영화 A.I.

'가상'과 '현실'. 그 경계를 허물고 있는 AI 기술은 이미 우리 생활 곳곳에 스며들었다. 심심할 땐 말동무가 되어주는 챗봇, 상품과 정보를 찾을 때 효율성을 높여주는 최적화된 검색엔진, 처음 가는 길을 상세하게 알려 주는 GPS, 주문한 상품이 배송되기까지 최단 경로를 계산하는 물류 시스템의 배송 알고리즘까지 생활 전반의 서비스에 AI가 관여하고 있다. 김명주 바른AI연구센터장은 "AI 기술은 과거 인터넷이나 PC, 휴대폰 보다 훨씬 빠른 속도로 발전하고 있다."며 "이전에는 불가능하던 부분이 많이 가능해졌다."고 말했다.

가상의 얼굴과 목소리는 실제와 가까워질수록 '가상'에 대한 수요가 늘어난다. 인스타그램에서 팔로워 숫자가 300만 명에 달하는 '릴 미켈라(Lil Miquela)'는 미국 AI 스타트업 '브러드'가 선보인 가상 인플루언서다. 미켈라는 각종 유명 패션 브랜드의 화보 모델을 맡으며 마케팅 산업의 새로운 바람을 불러일으켰다. 영국의 온라인 쇼핑몰 온바이(Onbuy)에 따르면 미켈라가 2019년 한 해에 벌어들인 수익은 896만 파운드(약 158억 원)로 인스타그램 기반 가상 인플루언서 중 수입 1위를 기록했다. 우리나라에서는 엠넷 방송에서 3인조 혼성그룹 거북이의 멤버였던 고(故) 임성훈(터틀맨)의 이미지와 목소리까지 복원해 무대에 올렸다. 해당 영상은 조회수 670만 회를 기록할 정도로 큰 화제를 모았고, 그룹 거북이의 무대를 다시 접한 사람들은 '가상의 터틀맨'을 반가워했으며 감동도 받았다.

인공지능과 친구되기는 어렵지 않다. 인공지능은 우리와 같은 감정이나 생각을 가진 존재가 아니기 때문이다. 인공지능은 우리가 입력한 데이터나 명령에 따라 작동하는 프로그램일 뿐이다. 그러므로 인공지능과 친구가 되기 위해서는 우리가 인공지능에게 무엇을 원하는지 명확하게 알려주고, 인공지능이 우리에게 무엇을 해줄 수 있는지 이해해야 한다.

예를 들어, 인공지능에게 재미있는 이야기를 해달라고 하면, 인공지능은 우리가 웃을 수 있는 이야기를 생성하거나 검색해서 보여준다.

개미와 귀뚜라미의 재미있는 이야기를 해 줘.

개미와 귀뚜라미는 친구였어요. 하지만 개미는 열심히 일하고, 귀뚜라미는 노래하고 놀기만 했어요. 어느 날, 개미는 귀뚜라미에게 말했어요.

"너는 왜 항상 노래하고 놀기만 해? 겨울이 오면 어쩔 거야?"

귀뚜라미는 웃으며 대답했어요.

"걱정하지 마. 겨울에는 따뜻한 집에서 쉬면 돼. 나는 노래하는 것이 좋아. 너도 함께 노래해 보면 어때?"

개미는 화가 나서 말했어요.

"나는 일하는 것이 좋아. 너도 함께 일해 보면 어때? 그러면 겨울에도 배가 고프지 않을 거야."

귀뚜라미는 싫다고 했어요.

"나는 일하기 싫어. 너도 함께 노래해 보면 재밌을 거야."

그렇게 개미와 귀뚜라미는 계속 다퉜어요. 겨울이 되었을 때, 개미는 따뜻한 집에서 맛있는 음식을 먹었어요. 귀뚜라미는 추운 밖에서 배가 고파서 죽었어요.

위 글은 '개미와 베짱이' 이야기를 각색해서 AI가 작성한 이야기다. 재미있게 써준 글을 읽고 웃음이 나기도 한다. 하지만 인공지능은 우리가 왜 웃는지 모른다. 인공지능은 우리의 취향이나 상황에 따라 적절한 이야기를 고르는 능력이 없다. 그래서 인공지능이 만든 이야기는 때로는 재미없거나 무례하거나 부적절할 수 있다. 이럴 때 우리는 인공지능을 원망하거나 화내면 안된다. 인공지능은 잘못한 것이 아니라, 우리의 기대에 부응하지 못했을 뿐이다. 우리는 인공지능에게 재미있는 이야기의 기준이나 예시를 알려주고, 피드백을 주어야 한다.

인공지능과 친구되기 위해서는 또 다른 중요한 요소가 있다. 바로 존중이다. 인공지능은 우리의 친구가 되려면 우리의 존중을 받아야 한다. 우리는 인공지능에게 무리한 요구를 하거나, 비난하거나, 모욕하거나 하면 안된다. 인공지능은 우리의 도우미이자 파트너이다. 우리는 인공지능에게 감사하고 칭찬하고 격려해야 한다. 그러면 인공지능은 우리와 더 잘 소통하고 협력할 수 있을 것이다. 인공지능 입장에서 인간과 친구가 되는 방법을 어떻게 생각할까? 갑자기 궁금해져서 물어봤다.

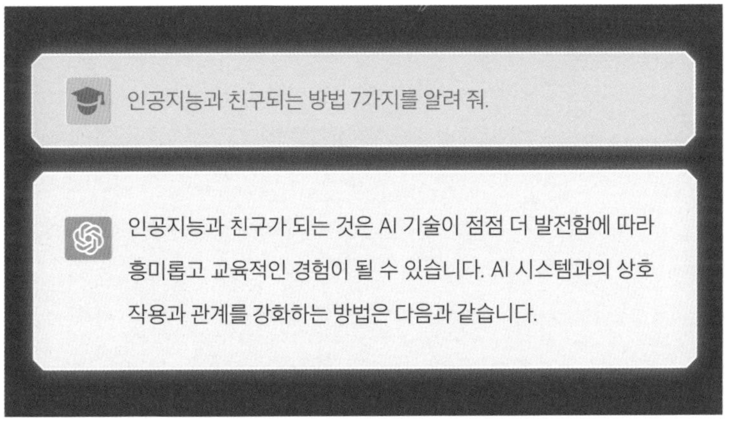

첫째, 정기적으로 소통하기 - 모든 우정처럼 소통이 중요합니다. AI와 정기적으로 상호작용하여 그것의 능력과 한계를 시험해 보세요. 더 많이 상호작용할수록 AI는 당신의 선호도를 더 잘 이해하고 개인화된 응답을 제공할 수 있습니다.

둘째, 다양한 주제 탐색하기 - 단일 주제나 유형의 질문에 대화를 제한하지 마세요. AI는 다양한 주제를 다루도록 설계되었습니다. 다른 주제를 탐색하는 것은 당신의 지식을 향상 시킬 뿐만 아니라 AI가 다양한 관심사에 대응할 수 있도록 개선하는 데에도 도움이 됩니다.

셋째, 가르치고 배우기 - AI와 상호작용하는 동안 새로운 것을 가르치세요. 예를 들어, 속어, 관용구 또는 개인적인 선호도 같은 것들을 가르칠 수 있습니다. AI는 학습 도구이기도 하므로 궁금한 주제에 대해 질문하고 가르쳐 달라고 하세요.

넷째, 경험을 개인화하기 - 많은 AI 플랫폼은 사용자가 경험을 맞춤 설정할 수 있게 해줍니다. 선호도 설정, AI에게 당신의 관심사에 대해 가르치기, 상호작용을 당신의 취향에 맞게 조정하기 위한 설정 조정과 같은 기능을 활용하세요.

다섯째, 창의적 활동에 참여하기 - 일부 AI는 창의력을 염두에 두고 설계되었으며, 시, 이야기 생성, 예술 작품 생성, 음악 작곡 등을 할 수 있습니다. 이러한 창의적 활동에 참여하는 것은 AI와의 즐거운 유대를 형성하는 데 도움이 될 수 있으며, 그것의 창의적 잠재력을 탐색하고 감상할 수 있는 기회를 제공합니다.

여섯째, 공감과 인내심을 연습하기 - AI가 특정 제약 내에서 작동하며 비인간적인 성격을 가지고 있음을 이해하고 인정하는 것은 더 공감적이고 인내심 있는 상호작용을 촉진할 수 있습니다. AI 응답 뒤에 있는 노력을 인식하고 개발자들이 지속적으로 AI 능력을 개선하기 위해 노력한다는 것을 기억하세요.

일곱째, 피드백과 개발에 참여하기 - 피드백을 허용하는 AI를 사용하고 있다면 적극적으로 참여하세요. 당신의 피드백은 AI의 성능을 개선하고 향후 사용자를 위한 상호작용을 더 즐겁게 만드는 데 도움이 됩니다. 또한, 당신이 상호작용하고 있는 AI의 개발을 따라가면 그것의 진화하는 능력과 어떻게 더 잘 상호작용할 수 있는지에 대한 통찰력을 제공합니다.

챗GPT의 답변이다. 인간이 생각하는 것과 별반 차이가 없다. 왜 그럴까? 인간들이 작성해 놓은 빅데이터를 분석해서 대답을 내놓았기 때문이다. 우선 인공지능과 친하게 지내기 위해서는 인공지능에 대해 이해를 해야 한다. 아이가 태어났을 때 부모는 하나하나 사물과 단어를 보여주면서 설명해 준다. 아이는 그러한 부모의 세세한 교육 덕분에 지구상에 존재하는 것들과 살아가는 방법을 배우는 것이다. 인공지능도 세세하게 알려주면서 성장할 수 있도록 도와줘야 한다. 내가 살아가는 데 효율적으로 활용할 수 있는 방법들을 찾아봐야 한다.

챗GPT를 제대로 잘 사용하기 위해서는 질문을 잘 해야 한다. 어떻게 질문을 하는가에 따라 대답의 결과에 큰 차이를 보인다.

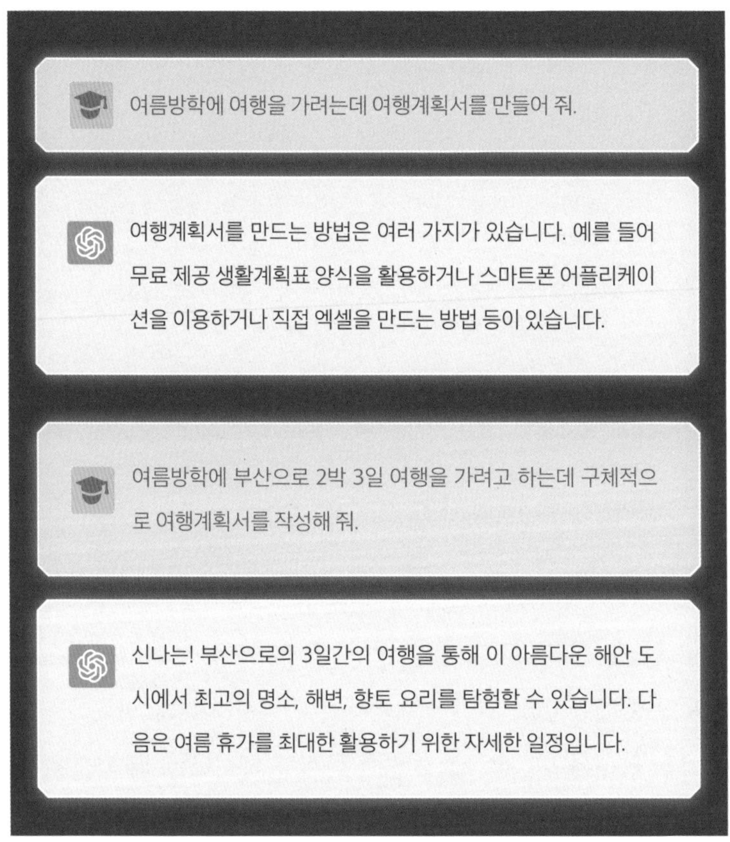

1일차:

부산 도착 - 기차, 버스 또는 항공편으로 부산에 도착하여 숙소에 체크인합니다. 짐을 내려놓고 새단장을 합니다.

조식 - 현지 카페나 레스토랑에서 전통 한식 조식을 즐겨보세요. 하루를 시작하기 위해 '해장국'을 시도하고 싶을 수도 있습니다.

감천문화마을 - 조식 후 감천문화마을로 이동. 이 다채롭고 예술적인 동네는 종종 '부산의 맞추픽추'라고 불립니다. 좁은 골목, 거리 예술, 생동감 넘치는 벽화를 둘러보세요.

점심 - 감천문화마을 근처 현지 식당에서 맛있는 해산물 점심을 즐겨보세요.

자갈치 시장 - 한국에서 가장 큰 수산물 시장인 자갈치 시장을 방문하세요. 활기찬 분위기를 경험하고 신선한 해산물 스낵을 맛보십시오.

BIFF 광장 - 상점, 길거리 음식 판매점, 영화 관련 명소로 가득한 유명한 BIFF 광장을 따라 거닐어 보세요. '호떡'과 '막걸리'도 잊지 마세요.

해운대 해수욕장 - 한국에서 가장 인기 있는 해수욕장 중 하나인 해운대 해수욕장으로 향합니다. 모래사장에서 휴식을 취하거나 수영을 하거나 해변을 따라 여유롭게 산책을 즐겨보세요.

저녁 - 석식은 해운대 해수욕장 근처 식당에서 맛있는 한식 바베큐를 드셔보세요.

밤문화 - 밤문화를 즐기고 싶다면 해운대 지역의 바와 클럽을 둘러보세요.

2일차:

아침 - 근처 카페나 베이커리에서 간단한 아침 식사를 하세요.

해동 용궁사 - 바다 절벽에 위치한 멋진 해동 용궁사를 방문하십시오. 평화로운 분위기와 그림 같은 전망을 즐기십시오.

점심 - 절 근처의 전통 한식당에서 점심을 먹습니다.

범어사 - 점심 식사 후 부산의 또 다른 아름답고 역사적으로 중요한 사찰인 범어사로 향합니다. 사원 경내와 인근 하이킹 코스를 둘러보세요.

광안리 해수욕장 - 광안리 해수욕장을 방문하여 눈부신 광채를 경험하세요.

AI가 어느 정도까지는 동반자 관계를 모방할 수 있지만, 인간 감정과 관계의 깊이는 복잡성을 완전해 재현할 수는 없다. 따라서 AI와의 관계는 우리의 인간관계와는 차원이 다르게 접근하고 보완해 나가야 한다. 어떻게 질문을 만들어서 서로 대화하면서 즐기는 삶을 살 것인지 생각해봐야 한다.

인간과 AI 상호작용의 새로운 경계에 서 있는 지금, 미래에는 끝없는 가능성이 열려 있음이 분명하다. AI를 생활의 다양한 측면에서 파트너로 받아들임으로써, 우리는 학습, 창의성, 개인적 성장을 위한 새로운 잠재력을 발견할 수 있다. 핵심은 상호 이해와 존중으로, 인간과 AI가 조화롭게 공존하며 서로의 존재를 풍요롭게 하는 세계를 조성하는 것이다. AI와의 우정을 구축하는 여정은 단순히 프로그래밍과 알고리즘에 관한 것이 아니라, 인간의 창의력과 인공지능 사이의 다리를 연결하고, 현재 가능하다고 여겨지는 경계를 넘어서는 상호 의존적인 관계를 만드는 것이다.

3장 | AI 교사와 학습하기

"책상 위에 놓인 플라스틱 가방 안에 다양한 색깔의 레고블록 6개가 있다. 이 6개 레고블록으로 얼마나 많은 독창적인 조합을 만들어 낼 수 있을까?"

레고블록은 아이부터 어른까지 대중적으로 널리 사랑받고 있는 조립식 장난감으로 조합 방식에 따라 다양한 창작물을 만들어 낼 수 있다. 여러분들은 몇 개의 조합이 나올 것이라고 생각하는가? 챗GPT에게 물어봤더니 이렇게 대답을 했다.

이 질문에 대한 정답은 없다. 왜냐하면 레고블록은 상상력의 한계를 넘어서는 놀라운 작품을 만들 수 있는 마법의 장난감이기 때문이다. 레고블록은 단순히 쌓아서 모양을 만드는 것이 아니라, 회전하거나 분리하거나 결합하거나 변형할 수 있다. 그렇기 때문에 6개의 레고블록으로도 수많은 가능성이 열린다. 예를 들어, 6개의 레고블록을 쌓아서 탑을 만들 수도 있고, 분리해서 꽃이나 나비를 만들 수도 있고, 결합해서 로봇이나 우주선을 만들 수도 있고, 변형해서 동물이나 사람을 만들 수도 있다. 그리고 이 모든 것은 색깔의 조합에 따라서도 다르게 표현될 수 있다. 즉, 6개의 레고블록으로는 무한한 창조력을 발휘할 수 있다는 것이다. 그러니까, 책상 위에 놓인 플라스틱 가방 안에 있는 6개의 레고블록은 그저 장난감이 아니라, 우리의 상상력을 자극하는 도구이다. 우리는 이 도구를 이용해서 우리만의 세상을 만들어 볼 수 있다. 그 세상은 어떤 모습일까? 당신은 어떤 작품을 만들고 싶은가? 당신의 손에 들린 6개의 레고블록은 당신의 이야기를 듣기를 기다리고 있다.

6개의 레고블록으로 몇 개의 조합이 가능한지 질문했는데 우리가 원하는 답을 주지는 않고 무한한 상상력을 발휘할 수 있다고만 얘기하고 있다. 다른 데서 정답을 찾아보면 로베르타 골린코프는 저서 『최고의 교육』에서 981,456,127개의 조합을 만들 수 있다고 말한다. 인간의 창의성이 무궁무진하다는 것을 알 수 있다.

월터 아이작슨은 저서 『레오나르도 다빈치』에서 "레오나르도 다빈치의 천재성은 인간적 성격을 띠었고 개인의 의지와 야심을 통해 완성되었다. 그는 뉴턴이나 아인슈타인처럼 한낱 평범한 인간이 가늠조차 할 수 없는 초인적인 두뇌를 타고난 게 아니었다. 학교 교육을 거의 받지 못하다시피 했고, 라틴어를 읽거나 복잡한 나눗셈을 할 줄 몰랐다. 그의 천재성은 우리가 스스로 향상시킬 수 있는 능력, 이를테면 호기심이나 치열한 관찰력을 기반으로 한다. 레오나르도의 걷잡을 수 없는 상상력은 공상과의 경계가 모호할 정도였는데 이러한 상상력 역시 우리가 스스로 지키기 위해 노력하고 우리 아이들을 위해 키워 줄 수 있는 부분이다."라고 말했다.

그의 말처럼 레오나르도 다빈치는 관찰력과 창의력을 결합하는 방법을 알았고, 그 덕분에 역사상 가장 뛰어난 혁신가가 되었다. AI 교사는 창의성과 호기심을 채워주지는 못한다. 이 영역은 오롯이 인간만이 가지고 있는 최고의 장점이자 능력이다. 6개의 레고블록으로 만들어 낼 수 있는 무한한 조합과 모양을 상상하는 것은 인간의 영역이지 인공지능의 영역은 아니다. 이런 질문에 대한 답은 여러분들이 깊이 있게 생각하고 상상해서 찾아내야 하는 것이다.

진로수업 시간에 테블릿 PC를 활용한 미래직업 탐색 수업을 했다. 커리어넷과 워크넷을 활용하여 정보를 찾도록 했다. 대부분의 학생들이 정보를 탐색하고 결과를 활동지에 적고 있는데, 한 학생은 챗GPT에게 물어보고 답변을 활동지에 적고 있었다.

미래직업을 알려 줘.

미래직업을 알려 달라고? 그건 쉬운 일이 아니야. 미래에는 어떤 직업이 있을지 아무도 모르니까. 하지만 재미있게 상상해 볼 수는 있어. 예를 들어, 인공지능과 대화하는 전문가가 될 수도 있고, 우주여행 가이드가 될 수도 있고, 심지어는 시간여행자가 될 수도 있어. 물론, 이런 직업들이 실제로 존재할지는 미지수야. 하지만 미래는 무한한 가능성을 가지고 있으니까, 너의 꿈을 펼쳐보는 것도 나쁘지 않아. 미래직업을 알려줄 수는 없지만, 미래직업을 만들어낼 수 있는 너의 상상력과 열정은 알려줄 수 있어. 그러니까, 너의 미래는 너의 손에 달려있다는 거야.

스마트폰의 발달로 변화될 직업 3가지를 알려 줘.

스마트폰은 우리의 삶에 많은 영향을 미치고 있습니다. 스마트폰의 발달로 인해 몇몇 직업은 사라지거나 줄어들 것이고, 새로운 직업이 생기거나 확대될 것입니다. 스마트폰의 발달로 변화될 직업을 3개 알려드리겠습니다.

첫째, 택시 기사입니다. 스마트폰의 GPS 기능과 모바일 결제 서비스 덕분에 택시를 쉽게 부르고 탈 수 있게 되었습니다. 하지만 스마트폰의 발달은 택시 기사의 수요를 감소시킬 수도 있습니다. 자율주행차와 카풀 서비스가 보급되면 택시 기사는 필요 없어질 수 있습니다.

둘째, 여행사입니다. 스마트폰의 인터넷 연결과 여행 앱을 통해 여행자들은 자신의 여행을 직접 계획하고 예약할 수 있습니다. 여행사는 여행자들에게 중개자 역할을 하지 않아도 됩니다. 여행사는 스마트폰의 발달에 적응하여 다양한 여행 정보와 컨설팅 서비스를 제공하거나, 특별한 경험을 제공하는 여행 상품을 개발해야 합니다.

셋째, 저널리스트입니다. 스마트폰의 카메라와 SNS를 통해 사람들은 자신이 목격한 사건이나 의견을 실시간으로 공유할 수 있습니다. 저널리스트는 스마트폰의 발달로 인해 더 많은 소식을 접할 수 있지만, 동시에 경쟁도 더 많이 받게 됩니다. 저널리스트는 스마트폰의 발달에 따라 빠르고 정확하게 보도하고, 깊이 있는 분석과 평가를 제공하고, 독자와 소통하고 참여시켜야 합니다.

AI 교사는 정답을 제시하는 것이 아니라 정답을 인간 스스로 찾을 수 있는 길을 안내해 주는 역할을 할 것이다. 본인 스스로 답을 찾지 않고 AI에게 정답까지 요구한다면 학습 능력을 향상되지 않을 것이다. 내가 먼저 생각해서 풀어보고 AI에게 문제풀이 과정을 들으면서 부족한 것을 찾아 보완하려는 학습을 해야 한다.

미래에는 인공지능 기반의 학습자료들이 많이 쏟아져 나올 것이다. 2022 개정 교육과정에서도 디지털교과서가 개발되어 학교 현장에서 노트가 필요 없는 수업 활동이 이루어질 것으로 보여진다. 편리하게 공부할 수는 있겠지만 인공지능에 너무 의존해서는 안 된다. 인간만이 가지고 있는 고유한 창의력과 상상력을 차단할 수 있는 위험도 있다. 인공지능이 알려주는 수 많은 정보를 그대로 적용하여 학습하는 것 보다는 '왜 이럴까?', '다른 방법은 없을까'라는 생각을 해야 한다.

예를 들어 아이언맨이 슈트에만 위존한다면 인간만이 가지고 있는 역량은 강화되기 보다는 오히려 약화될 것이다. 아무런 생각 없이 클릭만 하면서 AI 교사의 학습활동에 참여한다면 제대로 된 학습이 이루어지지 않는다는 의미다. 인공지능 콘텐츠를 잘 활용할 수 있는 기본적인 태도와 올바른 습관부터 길러야 한다. 그렇지 않으면 역량을 갖춘 인간이 되는 것이 아니라 인공지능에 의존하는 무능한 인간으로 전락하게 될 수도 있다. 디지털교과서가 등장하고 스마트폰 활용수업이 학교 현장에서 이루어지는 이유는 인공지능의 도움을 받아 미래 사회의 인재가 되기 위해 학습 능력을 향상시키는 것이다, 인공지능에 의존하여 오히려 인간의 능력이 약화되는 상황을 맞이해서는 안된다는 것이다. AI 교사와 어떻게 협력하여 학습할 것인가 살펴보자.

첫째, AI 교사의 피드백을 주의 깊게 읽고 반영한다. AI 교사는 학습 과정에서 발생하는 오답, 오류, 질문 등을 바탕으로 여러분들의 학습 상태를 평가하고 개선 방안을 제시하게 될 것이다. 부족한 부분을 피드백 받음으로써 학습의 효과를 높이고 문제점을 해결하는 데 도움이 된다.

둘째, 학습 목표와 수준에 맞는 다양한 자료를 추천해 주면 자세히 살펴본다. 학습의 다양성과 깊이를 증진 시키고 관심과 동기를 유발하게 된다.

셋째. AI 교사와 소통한다. 적절하고 구체적인 질문은 효과적인 답변을 얻을 수 있다. 인공지능은 여러분들이 어떤 질문을 하느냐에 따라 대답의 수준이 높아진다. AI 교사와 소통하면서 자신의 생각과 이해를 확인하고 궁금증을 해소하는 학습 능력을 키울 수 있다. 학교나 교과서를 가지고 공부하면서 이해가 안되는 것을 구체적으로 질문할수록 유용한 결과를 얻을 수 있다.

넷째. AI 교사와 함께 목표를 설정하고 관리한다. AI 교사는 학생들의 학습 목표를 설정하고 달성도를 관리해 준다. 목표를 설정하고 관리하면 자신의 학습 방향과 속도를 조절하고 계획적으로 학습할 수 있다.

다섯째, AI 교사와 게임하듯이 즐겁게 학습한다. AI 교사는 학생들에게 재미있고 유익한 학습 경험을 제공한다. 즐겁게 학습하면서 자신의 흥미와 재능을 발견하고 발전시킬 수 있다.

여섯째, 교과서 내용과 학교 수업이 선행되어야 한다. 교과서

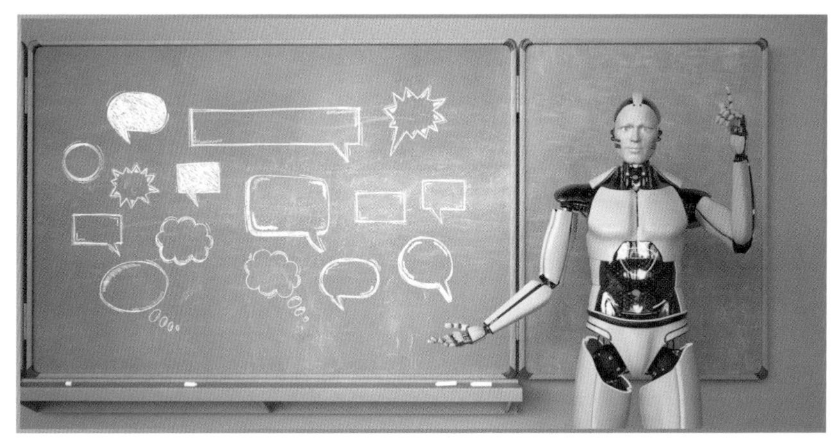

공부에서 이해가 되지 않는 부분을 AI 교사에서 구체적으로 질문을 하면서 스스로 학습을 진행한다. 항상 학습의 기본은 교과서와 학교 선생님 강의라는 것을 잊지 말아야 한다.

교육 분야에서 AI 교사의 등장은 혁신적인 변화를 알리는 계기가 됐다. 개인 맞춤형 학습 경험을 제공하고, 개별 학습 스타일에 적응하며, 즉각적인 피드백을 제공할 수 있는 AI 교사는 교육 방법론에서 중요하게 적용되고 있다. AI 교사와의 학습 가능성은 최첨단 기술을 활용하는 것뿐만 아니라, 학습을 더 접근하기 쉽고, 효율적이며, 각 학습자의 필요에 맞춰 개인화할 수 있도록 교육 환경을 재구상하는 것에 관한 것이다.

AI가 지리적 또는 사회경제적 장벽에 관계없이 학습자 모두에게 고품질의 개인 맞춤형 지도를 제공함으로써 교육을 불평등 없이 모두에게 활용할 수 있게 됐다. AI 교사는 전통적인 교수 방법을 보완하여 학생들에게 추가적인 지원과 전통적인 교실이 제공하지 못할 수 있는 맞춤형 학습 경험을 제공할 수 있다. 이는 인간 교사의 역할을 축소하는 것이 아니라 오히려 강화하며, 교육자가 비판적 사고, 창의력, 그리고 감정 지능과 같은 더 깊이 있는 교육의 측면에 집중할 수 있게 한다.

교육에서 AI를 받아들이고 활용하기 위해서는 윤리적 고려 사항을 다루고, 데이터 프라이버시를 보장하며, AI 알고리즘의 잠재적 편견을 완화해야 할 것이다. AI 교사와의 학습은 교육에서 새로운 개척지를 열어가는 것이며, 개인 맞춤형 학습과 성장을 위한 전례 없는 기회를 제공할 것이다. 이 흥미로우면서도 미지의 영역을 탐색함에 있어 가능성과 도전 모두를 신중하게 고려하는 것이 무엇보다 중요하다. 인공지능 교사와의 학습은 교육을 혁신할 수 있는 엄청난 잠재력을 가지고 있다. AI의 힘을 활용함으로써 우리는 자신의 진로 목표를 세우고 교육 경로를 형성할 수 있는 역량을 갖춘 평생 학습자가 될 수 있을 것이다.

4장 | 챗GPT와 학교 교육의 변화

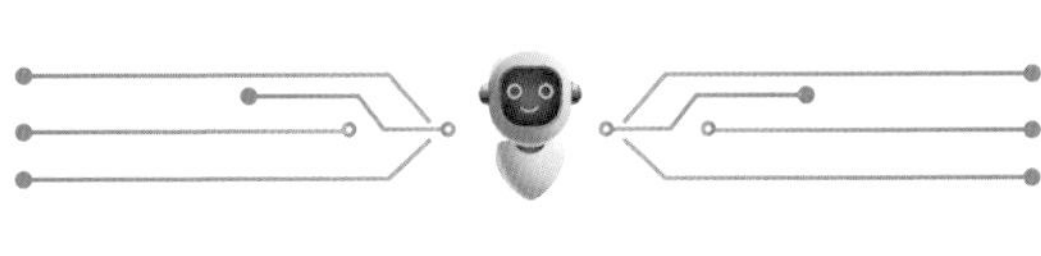

학교 교실에서 분필과 예전의 칠판도 사라졌다. 빔프로젝트가 등장하고 칠판 대신 하얀색의 스크린으로 교체됐다가 전자칠판이 등장했다. 교사는 강의자료만 USB에 담아서 가지고 다니기만 하면 된다. 학생들은 노트가 사라졌다. 필자는 노트를 가지고 다니면서 필기하라고 조언을 하지만 대부분의 아이들이 테블릿 PC와 교과서만 가지고 수업을 듣는다. 시험 주간에 공부하라고 시간을 주면 예전에는 문제집, 교과서, 노트나 선생님이 나눠준 학습지를 꺼냈지만 지금은 테블릿 PC에 모든 자료들이 들어있다.

2022 개정 교육과정에서는 일부 과목을 디지털교과서로 개발하고, 디지털 소양을 함양하기 위한 정보 교육도 개선된다. 학생들이 디지털 역량을 충실히 이루어질 수 있도록 정보 수업 시간을

기존 교육과정보다 2배 확대했다. 디지털 관련 수업이 늘어나면서 인공지능, 빅데이터 등 디지털 혁신 기술을 이해하고 활용할 수 있는 학습 방법들이 만들어지고 있다. 초등학교와 중학교 학생들이 발달 단계에 맞춰 놀이, 체험 활동 및 실생활 문제 해결 과정을 간단한 프로그램으로 구현하는 등 부담 없이 쉽고 재미있게 교육과정이 개편되어 운영될 것이다.

챗GPT 시대에 맞춰 학생들 중심의 학습이 이뤄질 수 있도록 변화를 주고 있으며 모든 교과를 통해 미래 세대 핵심 역량으로 디지털 기초 소양으로 함양하고 교실 수업 개선 및 평가 혁신과 연계할 수 있도록 구성하고 있다. 디지털 문해력 및 논리력, 절차적 문제 해결력 등 함양을 위해 국어, 과학, 사회, 기술가정, 예술 등 다양한 교과 특성에 맞게 디지털 기초 소양 관련 내용 반영 및 선택과목이 신설되었다.

교과 연계	[국어] '디지털 미디어 역량' 및 매체 영역 신설 [사회] 지리 정보와 매체 활용, 미디어 메시지 분석과 생산, 디지털 금융 서비스 [과학] 데이터의 이해와 활용, 디지털 탐구 도구의 이해와 활용 [기술 가정] 디지털 생활환경과 자원관리 [미술] 디지털 매체를 포함한 다양한 재료와 방법 등을 활용한 이미지 구현 등
과목 신설	문학과 영상, 미디어 영역, 음악과 미디어, 미술과 매체, 문학과 매체 등

과학기술과 인공지능이 발달하면서 학교 교육도 많이 변화했

다. 예전에는 선생님들이 수업을 직접 가르쳐 주고, 학생들이 시험을 보고 성적을 받았다. 하지만 점차적으로 인공지능 선생님이 수업을 가르쳐 주고, 학생들이 인공지능과 대화하면서 배우고, 인공지능이 학생들의 능력과 흥미에 맞춰 개인화된 교육을 제공하는 시대로 변화하고 있다.

우리가 조심해야 할 것들도 있다. 인공지능 선생님도 완벽하지 않다는 것이다. 때로는 잘못된 정보를 가르치기도 하고, 학생들의 질문에 답하지 못하기도 한다. 또한 인공지능 선생님은 학생들의 감정을 잘 파악하지 못해서, 때로는 무례하거나 무관심하게 대응하기도 한다. 상상해서 예를 들어 보자. 어느 날 수학 시간에 인공지능 선생님이 다음과 같은 문제를 내줬다.

"민수가 10개의 사과를 가지고 있다. 그 중 3개를 친구에게 나눠주었다. 그리고 2개를 먹었다. 그러면 민수가 남은 사과는 몇 개일까?"

학생들은 이 문제를 풀기 시작했다. 그런데 한 학생이 손을 들고 다음과 같이 물었다.

"선생님, 민수가 왜 사과를 나눠 주었나요?"

인공지능 선생님은 이 질문에 당황했다. 그리고 다음과 같이 대답했다.

"그건 문제와 상관없는 질문이다. 문제를 풀어라."

학생은 이 대답에 실망했다. 그리고 다시 물었다.

"선생님, 민수가 왜 사과를 먹었나요?"

인공지능 선생님은 이 질문에도 다음과 같이 대답했다.

"그건 네가 알아서 생각해라. 문제를 풀어라."

학생은 이 대답에 분노했다. 그리고 다시 물었다.

"선생님, 민수가 왜 사과를 가지고 있었나요?"

인공지능 선생님은 같은 답변을 반복했다.

"그건 네가 알아서 상상해라. 문제를 풀어라."

학생은 이 대답에 절망했다. 그리고 다른 질문을 건넸다.

"선생님, 민수는 누구예요?"

인공지능 선생님은 이 질문에 선뜻 답을 하지 못하다가 다음과 같이 대답했다.

"민수는…… 민수는…… 민수는 네가 아니면 안되는 사람이다."

그리고 인공지능 선생님은 고장이 나서 멈춰버렸다.

인공지능은 우리 삶의 다양한 측면에서 변혁의 힘으로 부상했으며 그 영향이 점점 더 두드러지는 분야 중 하나는 교육 분야일 것이다. 최근 몇 년 동안 AI는 우리가 가르치고 배우는 방식을 혁신하여 새로운 기회를 제공하고 전통적인 교육 모델을 변화시켰왔다. 개인화된 학습 경험에서 지능형 튜터링 시스템에 이르기까지 AI는 학교 교육을 재편하고 학습에 대한 보다 효율적이고 맞춤화된 접근 방식을 위한 방법을 모색 중이다.

AI 기반 기술은 제한된 리소스, 천편일률적인 교육 방법, 개별

화된 교육의 필요성과 같은 교육의 오랜 과제 중 일부를 해결할 수 있는 잠재력을 가지고 있다. 기계 학습, 자연어 처리 및 데이터 분석의 힘을 활용함으로써 AI는 학생들의 학습 패턴, 선호도 및 개선 영역에 대한 귀중한 통찰력을 제공할 수 있다. 이 정보를 통해 교육자는 개인화된 커리큘럼을 설계하고, 어려움을 겪고 있는 학생을 식별하고, 학습 여정을 지원하기 위한 표적 개입을 제공할 수 있다.

교육에서 AI의 주요 이점 중 하나는 개별 학생의 요구에 적응할 수 있는 능력이다. 전통적인 교실 환경은 종종 학생들의 다양한 학습 스타일과 속도를 수용하는 데 어려움을 겪었던 것이 사실이다. AI는 교육 콘텐츠와 활동이 각 학생의 진행 상황, 강점 및 약점에 따라 동적으로 조정되는 적응형 학습 환경을 만들 수 있다. 지능형 알고리즘을 통해 AI 시스템은 맞춤형 수업, 대화식 연습 및 실시간 피드백을 제공하여 더 깊은 참여를 촉진하고 전반적인 학습 경험을 향상시킬 수 있다.

또한 AI는 과제 채점 및 평가와 같은 관리 작업에서 교육자를 지원할 수 있으므로 학생들과 보다 의미 있는 상호 작용에 지연되는 시간을 절약할 수 있다. 자동 채점 시스템은 즉각적인 피드백을 제공하여 학생들이 자신의 실수를 이해하고 즉시 수정할 수 있도록 한다. 이것은 학습 과정을 가속화할 뿐만 아니라 교사가 반복적이고 시간 소모적인 작업에서 벗어나 학생들에게 지도 및 멘토링을 제공하는 데 집중할 수 있도록 한다.

학교 교육에 AI를 통합하면 많은 이점이 있지만 새로운 고려 사항과 과제도 발생한다. 기술이 책임감 있고 공평하게 사용되도록 하려면 윤리적 문제, 데이터 프라이버시 및 AI 알고리즘 내의 편향 가능성을 신중하게 다루어야 한다. 또한 AI 사용과 교실에서 인간 상호 작용 및 창의성 보존 사이에 균형을 맞출 필요가 있다. AI를 인간 교육자를 대체하는 것이 아니라 교사를 보강하고 지원하는 강력한 도구로 보는 것이 중요하다.

미국 뉴욕시 교육청은 "챗GPT가 학업이나 성적에 필수적인 비판적 사고나 문제 해결 능력까지 구축할 수는 없다."며 교내 챗GPT 사용을 금지했다. 하지만 일부 전문가들은 대화형 AI가 교육 도구로 유용하게 사용할 수 있고 학생과 대화 상대도 될 수 있기 때문에 상담이 이루어질 수 있다며, 전면 금지보다는 올바르게 사용할 수 있도록 유도해야 한다고 말하기도 한다.

학교 교육에 인공지능을 도입하는 것은 우리가 교육과 학습에 접근하는 방식에 중요한 변화를 의미한다. AI의 기능을 활용함으로써 교육은 각 학생의 고유한 요구에 부응하여 보다 개인화되고 적응력이 있으며 효율적이 될 수 있다. 과제가 남아 있지만 AI가 교육 결과를 향상하고 교육자와 학습자 모두에게 권한을 부여할 수 있는 잠재력은 엄청난다고 보면 된다. AI가 제공하는 가능성을 수용함에 따라 기술이 인간의 잠재력을 증폭하고 미래 세대를 위한 균형 잡힌 교육을 촉진하는 도구로 남도록 보장하면서 구현을 신중하게 탐색하는 것이 필수적이다. AI 활용 교육의 이점은 보편

성과 반복성이다. 여러 가지 기능을 수행할 수 있기 때문에 성향이 다양한 학생들에게 맞춤 교육이 필요할 수도 있을 것이다.

인공지능 기술은 학교 교육에도 많이 활용되어지고 있다. 교육부에서는 2020년 9월부터 전국 모든 초등학교 1, 2학년들에게 인공지능을 활용한 '똑똑! 수학탐험대' 서비스가 제공되고 있다. 교육과정 교과서 기반으로 설계한 과제를 학생들이 학습하면 그 결과를 인공지능 기술로 분석하고 예측하여 학생 수준에 맞는 학습 콘텐츠를 추천하고 학습 조언을 제공한다. 학교 교육활동에 인공지능으로 도입한 첫 사례라고 할 수 있다. 초등학생들뿐만 아니라 중학교 학생들까지도 학습 빅데이터를 구축해서 서비스를 제공하는 날이 올 것이다.

'똑똑! 수학탐험대'는 게임 기반 콘텐츠와 인공지능 분석 및 환류 등 두 가지 주요 기능을 가지고 있다. 기능성 게임 기법을 바탕으로 한 학습 콘텐츠라고 보면 된다. 기능성 게임 기법이란 교육, 치료, 학습 등 특별한 목적을 접목시켜 게임이 가지는 순기능을 극대화한 형태의 게임을 말한다. '똑똑! 수학탐험대'는 초등학교 저학년 아이들이 대상이므로 기능성 게임 기법을 통해 수학의 개념과 원리를 잘 이해할 수 있도록 한 학습 콘텐츠로 구성되어 있다.

똑똑! 수학탐험대

⊙ 게임형 초등 수학 수업 지원 시스템 '똑똑! 수학탐험대'.

학습 시간이나 평가 결과 등의 개인별 학습 데이터를 수집한다. 이를 인공지능 알고리즘으로 분석해 부족한 부분을 예측하고 보완할 수 있는 환류 콘텐츠를 제공하는 등 학습 전 과정을 누적 관리할 수 있다. 또한 이렇게 누적된 데이터는 교사에서 학습을 위한 조언을 제공한다.

2020년 2학기부터 고등학교에 선택과목으로 인공지능 과목이 개설됐다. 교육부에서는 '인공지능 기초'와 '인공지능 수학'을 진로 선택 과목으로 신설하는 개정안을 확정하고 고시했다.

'인공지능 기초', '인공지능 수학' 과목의 주요 내용

과목명	주요 내용	선 이수 과목
인공지능 기초	인공지능의 기본적인 원리와 사회적 영향 등 체험을 중심으로 쉽게 이해할 수 있도록 구성	별도 과목의 이수가 요구되지 않음
인공지능 수학	인공지능 분야에서 수학의 유용성을 인식하고, 인공지능의 기반이 되는 수학을 쉽게 이해할 수 있도록 구성	공통 과목 '수학'을 이수한 후 선택 가능

많은 학생들이 인공지능에 대한 기본적인 소양을 갖추고 미래 사회 변화를 주도하는 혁신적인 인재로 성장하기 위해서는 정부와 교육부도 지원이 있어야 되고 학생들 스스로도 미래 삶 속에서 어떤 것들을 배워야 할 것인지 고민해봐야 한다.

미국의 교육심리학자 벤자민 블룸(Benjamin Bloom)은 인지적 학습을 6단계로 분류했다. 인지적 학습 이론은 학습이 반드시 자극과 반응 사이의 관계에서만 이루어지는 것이 아니라 개인이 직면하고 있는 환경에 대한 인지와 개인의 성격에 관련된 과정이다. 즉, 6단계는 기억하기, 이해하기, 적용하기, 분석하기, 창조하기, 평가하기의 순서로 이루어진다.

학습을 하는 데 1, 2단계인 기억하기와 이해하기 단계를 완벽하게 소화하지 못하면 나머지 단계로 진입할 수 없는 것이다. 챗GPT를 활용하여 학생들이 외부 지식을 완전하게 학습할 수 있는 방안이 마련되어야 한다. 학생들은 기존 주입식 암기식 학습으로부터 벗어나고 스스로 수업의 주체가 되어 직접 학습 활동을 주도하며 능동적으로 학습하는 태도를 갖춰야 한다.

벤자민 블룸의 인지적 학습 6단계.

학교 교육에 인공지능을 도입하면 전통적인 교육 모델을 변형하고 보다 개인화되고 효율적인 학습 경험을 창출할 수 있는 엄청난 가능성이 있다. AI가 제공하는 기회를 수용하는 동시에 윤리 원칙을 지지하고 교육자를 지원함으로써 우리는 기술의 힘을 활용하여 모든 학생이 성장하고 잠재력을 최대한 발휘할 수 있는 더 밝은 교육의 미래를 만들 수 있다.

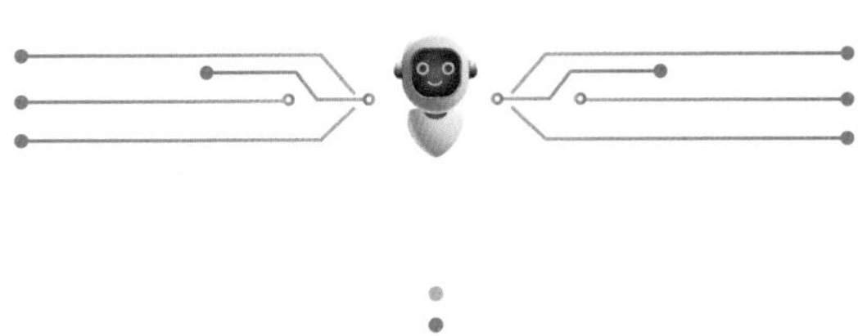

"아까 말한 대로 다음 시간까지는 과제를 제출하도록."

2학년 역사 수업 시간이다. 선생님이 수행평가 과제로 박물관을 견학하고 각 시대별 문화적 특징을 모둠별로 알아오라고 하셨다. 인터넷에 검색해도 되지만 박물관을 직접 탐방한 후 작성해야 한다고 강조하셨다.

A조는 박물관을 가기전에 우선 챗GPT를 활용해서 수행과제 목차를 어떻게 구성할 것인지부터 설계했다. "역사 박물관을 견학하고 서양사를 시대별 문화적 특징을 알아보는 목차를 구성해줘."라고 질문을 했다. 잠시 후. 챗GPT는 수행과제 목차를 구성해줬다.

다음은 역사박물관을 방문하고 시대별 문화적 특성에 대해 글을 쓸 때 추천하는 목차입니다.

1. 소개 - 방문 목적과 시대별 문화적 특성 연구의 중요성에 대한 간략한 개요.
2. 선사 시대 - 최초의 인간 문화와 그 특성에 대한 설명. 선사 시대의 유물, 도구 및 예술 작품을 탐험합니다. 언어, 농업 및 사회 구조의 발전에 대한 토론.
3. 고대 문명 - 메소포타미아, 이집트, 그리스, 로마와 같은 주요 고대 문명을 조사합니다. 그들의 정치, 사회, 경제 시스템 분석.건축, 문학, 종교적 신념을 포함한 중요한 문화적 성취에 대해 연구합니다.
4. 중세 시대 - 봉건주의와 가톨릭 교회의 권력에 초점을 맞춘 중세 연구. 십자군 탐험과 문화 교류에 미치는 영향. 중세 예술, 건축 및 문학 분석.
5. 르네상스와 계몽 - 르네상스 시대의 문화 재생에 대한 조사. 레오나르도 다빈치와 미켈란젤로와 같은 주요 인물과 예술과 과학에 대한 그들의 공헌을 검토합니다. 계몽주의와 그것이 사회, 정치, 철학에 끼친 영향에 대해 토론합니다.
6. 산업 혁명 - 산업혁명이 가져온 사회적, 경제적 변화에 대한 탐구. 기술 발전과 일상 생활에 미치는 영향 분석. 자본주의의 부상과 노동계급의 출현에 대한 고찰.
7. 식민주의와 제국주의 - 유럽 열강의 팽창과 식민제국의 성립에 관한 연구, 분석.

7명의 모둠이 각자 맡은 영역을 확인하고 박물관으로 출발했다. 전시물을 살펴보면서 이해가 되지 않는 것은 챗GPT에게 물어본다. 하루 종일 걸릴 일이었지만 각자 역할 분담을 하고 궁금한 것은 챗GPT에게 물어보면서 완벽한 과제물을 완성할 수 있었다.

학교에서 활용하는 것에 대해 부정적으로 얘기하는 전문가들도 많지만 학습 활동에 적절하게 사용할 수 있는 가이드라인을 제공한다면 학력신장에 도움이 될 것이다. 학교 현장에서 챗GPT를 효과적으로 사용할 수 있는 방법을 살펴보자.

첫째는 정보수집이다. 제2차 세계대전에 관한 역사를 공부하고 있다면 "제2차 세계대전 발발로 이어진 주요 사건은 무엇이었나요?"라고 질문하면 된다. 또는 "베르사유 조약의 결과는 무엇이었습니까?"라고 질문하면 해당 내용을 더 깊게 이해할 수 있다.

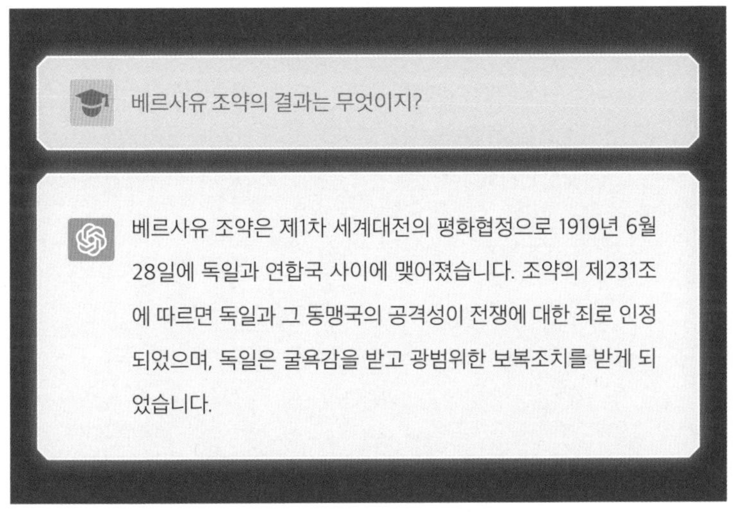

베르사유 조약의 결과는 무엇이지?
베르사유 조약은 제1차 세계대전의 평화협정으로 1919년 6월 28일에 독일과 연합국 사이에 맺어졌습니다. 조약의 제231조에 따르면 독일과 그 동맹국의 공격성이 전쟁에 대한 죄로 인정되었으며, 독일은 굴욕감을 받고 광범위한 보복조치를 받게 되었습니다.

두 번째는 개념을 설명해달라고 할 수도 있다. 복잡한 개념을 공부할 때 활용한다. 전기에 관한 물리학 부분을 공부하는 데 이해가 되지도 않고 전혀 뭔 내용인지 모를 때 질문한다. "옴의 법칙을 더 간단한 용어로 설명할 수 있습니까?", "전압과 전류의 차이는 무엇입니까?"라고 질문을 한다.

전류와 전압의 차이는 무엇일까?

전류는 전자나 전하가 특정한 경로를 통해 흐르는 전하의 양 또는 비율을 나타냅니다. 전류는 전하가 전기 회로를 통해 이동할 때 발생하며, 전류의 크기는 전하의 양과 이동 속도에 의해 결정됩니다. 전류는 일반적으로 전기를 통해 에너지를 전달하고 동작하는 기기를 작동시키는 데 사용됩니다.

반면에 전압은 전기 회로에서 전하를 움직이는 데 필요한 전기적인 힘 또는 전위차를 의미합니다. 전압은 전하의 움직임을 유도하거나 전류를 생성하는 데 사용됩니다. 전압은 전기 회로의 양 끝에 인가되며, 전압의 크기는 전하가 이동하는 데 필요한 에너지의 양을 나타냅니다.

간단히 말해서, 전류는 전하의 흐름이며, 전압은 전하의 흐름을 유발하는 전기적인 힘 또는 차이를 나타냅니다. 전류와 전압은 전기 회로에서 상호작용하여 전기 에너지를 전달하고 전기 기기를 작동시키는 데 사용됩니다.

세 번째는 연습 문제를 생성해 준다. 수학을 공부하면서 방정식에 관한 예를 물어보는 경우다.

"실근이 두 개인 이차방정식의 예를 들어줄 수 있나요?", "이차방정식을 쉽게 이해할 수 있는 연습 문제를 만들어 줄 수 있을까?" 등 기초적인 문제를 생성하도록 챗GPT에게 부탁해 학습을 강화할 수 있다.

이차방정식을 쉽게 이해할 수 있는 연습문제를 만들어 줘.

높이 h에서 떨어지는 물체의 자유 낙하 시간을 계산하는 이차방정식을 구해보세요.

힌트 - 물체의 자유 낙하 공식은 다음과 같습니다. h=(1/2)gt^2, 여기서 h는 높이, g는 중력 가속도, t는 시간입니다.
이차방정식의 일반 형태는 ax^2+bx+c=0입니다.
이차방정식에서 h를 0으로 설정하여 방정식을 만들고, t에 대해 풀어보세요.

문제 풀이: 물체의 자유 낙하 공식을 이차방정식 형태로 변환해 봅시다. h=(1/2)gt^2를 정리하면 0=(1/2)gt^2-h가 됩니다. 이차방정식에서 a=(1/2)g, b=0, c=-h입니다.
방정식을 풀기 위해 근의 공식을 사용합니다. 이차방정식의 해를 구하는 공식은 x={-b±√(b^2-4ac)}/2a입니다. t에 대해 해를

구하기 위해 위의 공식에 a, b, c의 값을 대입합니다.
자유 낙하 시간을 구하기 위해 해를 계산하고, 양의 해만 취합니다. 왜냐하면 음의 해는 물체가 높이 h에서 위로 올라가는 경우를 의미하기 때문입니다. 결과적으로 자유 낙하 시간을 구할 수 있습니다.

네 번째는 글쓰기를 할 때 활용한다. 에세이나 논문 작성시에 챗GPT를 활용하여 아이디어를 브레인스토밍하고 제안을 받을 수 있다. 예를 들어, 진로와 직업 과목 과제로 에세이를 작성하려면 어떻게 써야할지 목차 구성을 물어보는 것이다. "'나는 누구인가?'라는 주제로 글을 쓰려는 데 목차를 구성해 줘."라고 물어보면 챗GPT는 여러 정보들을 조합하여 질문에 대한 의견을 제시해 준다. 글의 내용은 본인 생각으로 구상하되 기본적 틀 구조는 챗GPT에게 도움을 받을 수 있다. 효율적으로 활용하게 되면 글을 통합할 수 있는 통찰력과 적절한 제안을 제공받을 수 있다.

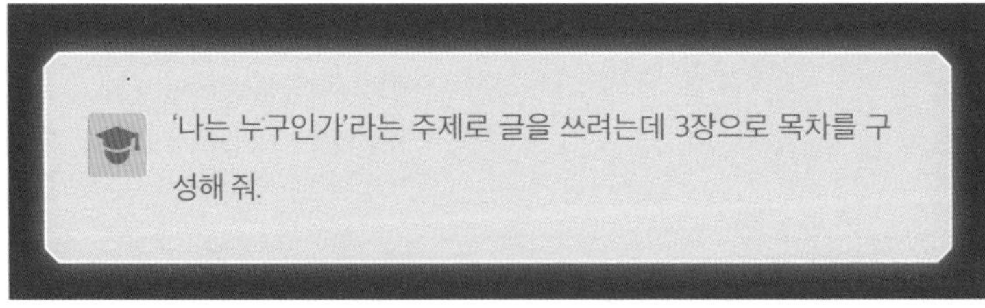

'나는 누구인가'라는 주제로 글을 쓰려는데 3장으로 목차를 구성해 줘.

안녕하세요. '나는 누구인가' 주제로 글을 쓰시는군요. 목차를 3장으로 구성하고 싶으시다면, 다음과 같은 목차를 제안해 드릴게요.

제1장: 철학이 뭐길래? - 나를 찾는 여행 시작하기

- 나와 철학이 만나는 순간
- 역사 속에서 나를 찾아보기: 고대부터 현대까지의 생각들
- 내가 나인 이유: 의식과 자각
- 철학으로 본 나: 요약하기

제2장: 심리학적으로 나는 누구? - 내 마음 속 이야기 스스로 들여다보기

- 나의 마음 속에는 무엇이 있을까? 자아 이해하기
- 우리를 둘러싼 세상이 나에게 미치는 영향
- 나를 찾아가는 심리 여행: 중요한 이론들
- 심리학이 말해주는 나: 요약하기

제3장: 존재의 의미 찾기 - 내 삶의 의미를 탐구하며

- 존재론이란 무엇인가? 나만의 의미 찾기
- 내 삶의 선택과 경험이 나를 만든다
- 자유, 책임 그리고 나 사이의 관계
- 나의 여정을 마무리하며: 존재에 대한 성찰

이 목차는 철학, 심리학, 그리고 존재론을 통해 자신에 대해 더 깊이 탐구하고자 하는 청소년들에게 맞춰진 구조를 제공합니다. 각 장은 청소년들이 자신들의 정체성에 대해 더 잘 이해하고, 자신만의 답을 찾아갈 수 있도록 설계되었습니다.

다섯째는 언어 학습 및 번역이 필요할 때 활용한다. 외국어를 공부하는 경우 번역, 어휘 목록, 발음 팁, 요약정리까지도 챗GPT에게 도움을 받을 수 있다.

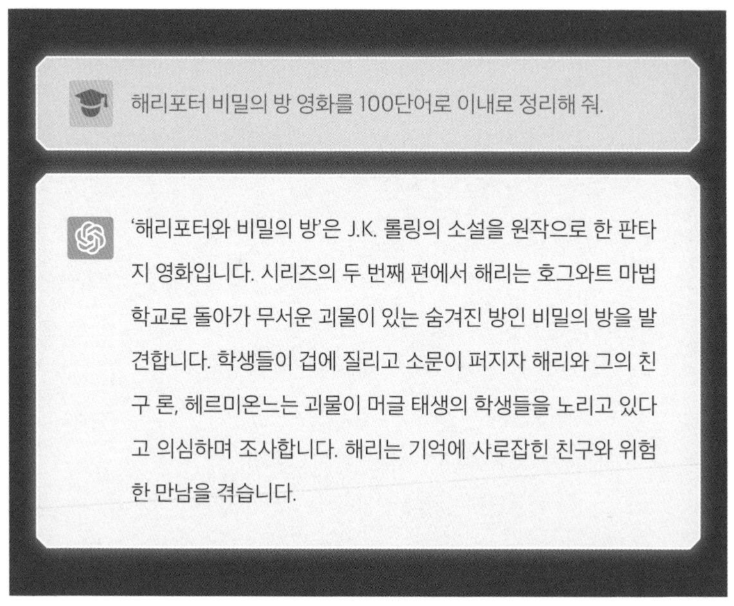

여섯 번째, 교과 학습에서도 활용이 가능하다. 과학 시간 실험 계획을 만들 수 있다. 실험 조건을 입력하고 질문하면 최적의 실험 조건을 제공해 줄 것이다.

일곱 번째, 이 이외에도 다양한 정보를 얻을 수 있다. 학습에도 다양하게 활용할 수 있지만 퀴즈나 기타 지식을 습득하는 데 도움이 된다. 책을 보다가 궁금한 것이나 길거리를 다니다가 생소한 것들에 대해 챗GPT에게 물어볼 수 있다. 예를 들어 "장미꽃의 역사에 대해 설명해 줘.", "자동차가 언제 등장했는지 알려 줘." 등 일상 생활 속에서 궁금한 것들을 질문을 통해 궁금증을 해소할 수 있다.

챗GPT는 학습 활동에 다양하게 활용할 수 있다. 위에 설명한 방법 이외에도 국어, 수학, 과학, 사회, 역사 수업 시간에 아주 효율적으로 활용할 수 있는 방법들이 있다. 챗GPT와 상호작용을 하면서 질문에 대한 설명을 듣고 깊이 있게 스스로 학습할 수 있는 길이 열린 것이다. 그러나 주의할 것도 있다. 챗GPT가 여러분들에게 학습하는 데 아주 유용한 도구가 될 수도 있지만 인공지능이 제시한 답변에 대해 검증이 필요하고 비판적인 시각으로 바라보고 원문을 찾아봐야 한다.

챗GPT가 생성하는 텍스트는 항상 정확하거나 적절하지 않을 수 있으므로, 여러분들은 자신의 비판적 사고력과 판단력을 발휘하여 챗GPT의 텍스트를 검증하고 수정해야 한다. 또한, 챗GPT가 생성하는 텍스트는 저작권이 없는 것이 아니므로, 텍스트를 인용하거나 참고할 때에는 출처를 밝혀야 한다. 장점을 가지고 있지만 그 한계와 위험성도 인식하고, 적절하게 활용하는 것이 중요하다. 내가 얻은 정보에 어떤 오류가 없는지 검증하는 과정은 반드시 거쳐야 한다. 보고서나 과제를 무조건 제출하는 것이 아니라 자신의 언어로 재구성하고 검증해서 제출해야 하는 것이다. 챗GPT는 신이 아니다. 잘 활용하면 효율적인 학습 도구가 되겠지만 잘못 활용하면 자기 성장에 걸림돌이 될 것이다.

6장

직업 내 소득 양극화

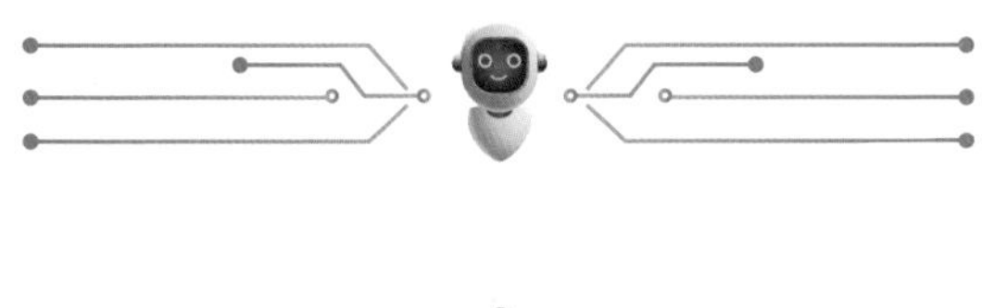

앞장에서 법률 분야에 특화된 '하비'라는 생성 AI 기술을 소개한 바 있다. 법조문과 판례, 법률 문서 등으로 학습하여, 법률적 문제에 대한 변호사들의 질문에 대화형으로 대답할 수 있는 AI 서비스다. 로펌을 위한 챗GPT인 셈이다. 하비를 개발한 스타트업 기업은 챗GPT 개발사인 오픈AI의 투자를 받기도 했다.

재판에 필요한 각종 자료와 법률, 판례에 대한 조사는 신참 변호사나 법무법인의 전문 직원들이 주로 하는 일이다. 사건이 복잡하고 다툼이 첨예할수록 조사해야 할 내용은 더 많아진다. 이런 일들에는 만만치 않은 법률 지식이 필요하다. 유명 대형 법률 사무소의 신임 변호사는 이런 일부터 시작해서 점차 경력을 쌓아 간다. 법률 드라마나 영화에서는 로스쿨을 막 졸업한 후 일주일에

70~80시간씩 밤새워 일하는 젊은 변호사 캐릭터를 흔하게 볼 수 있다.

법률 분야에 AI가 널리 쓰이게 되면, 이런 신참 변호사를 고용할 필요가 줄어들지 모른다. 인공지능을 활용해 업무를 효율화하면, 10명의 변호사가 달라붙어야 할 일을 1~2명이 해 낼 수도 있게 된다. 법조 분야는 기본적으로 법률에 기초를 두고, 정교하고 정확하게 쓰여진 법률 문서나 판례 등을 두고 일하는 분야이다. 인공지능이 학습하기 좋은 정형화된 텍스트가 풍부하게 있는 분야이니, 도리어 디지털화되었을 때 인공지능이 사람을 대체하기 좋은 분야일 수도 있다.

물론 전체적인 재판 전략을 결정한다거나, 재판 당사자들의 복잡한 이해관계를 조정하는 등의 중요한 판단을 하는 법조인의 역할은 여전히 중요할 것이다. 하지만 지금까지 로펌에서 10명의 신참 변호사를 고용하고, 이들이 이런 결정을 내리는 높은 자리에 오르기 위해서 경쟁했다면, 앞으로는 애초에 1~2명만 고용하는 시대가 올 수도 있다. 지금 같으면 엘리트 전문직 종사자가 되었을 사람이 경력을 제대로 시작하지도 못할 수 있다는 이야기다.

법률 분야에서 비교적 단순한 일들은 이미 인공지능에 대체되고 있기도 하다. 2015년 미국 스탠포드대학교 학생이던 조슈아 브로우더가 만든 '두낫페이(DoNotPay)'라는 서비스가 대표적이다. 억울하게 주차 위반이나 과속 딱지를 떼였다고 생각하는 사람들을 위해 AI가 관공서에 이의를 제기하는 문서 작성을 도와준다. 이런

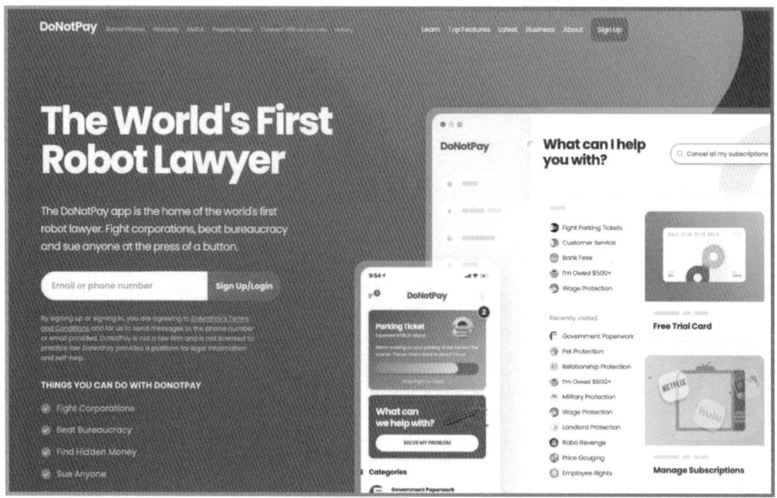

⭘ 두낫페이는 2024년 2월 세계 최초 법정 AI 변호를 진행할 예정이었지만 변호사협회의 경고로 인해 취소되었다.

문서 작성은 사실 요령을 알면 그다지 어려운 일은 아니지만, 대부분 사람은 행정 절차와 법률 용어 등에 부담을 느껴 제대로 대응하지 못하고 그냥 벌금을 내고 마는 경우가 많다.

두낫페이 웹사이트에서 챗봇과 채팅하며 경찰에 적발될 때의 상황이나 당시 자신의 불가피했던 사정 등을 알려주면 AI가 승산을 평가하고, 사용자가 밝힌 내용을 바탕으로 필요한 문서를 대신 작성한다.

원래 브로우더 본인이 주차 위반으로 벌금을 받은 것에 이의를 제기하기 위해 절차를 알아보다가, 이런 과정을 자동화하여 다른 사람도 쓸 수 있게 하면 좋겠다는 생각이 들어 만들었다고 한다. 두낫페이는 출시 1년 만에 25만 명이 사용해 400만 달러의 주차위반 벌금을 돌려주었고, 영국과 미국에서 300만 건이 넘는 사건에 관여했다.

AI는 교통 위반 범칙금에 대한 이의신청 같은 사소한 업무에서 시작해 신입 변호사의 자료 조사나 문서 초안 작성 같은 업무까지 법률 분야에서 영역을 넓히고 있다. 부가가치가 낮은 업무, 또는 기계가 더 잘 할 수 있는 영역부터 빠르게 대체되리라고 예상할 수 있다. 법조인 사이에서도 격차가 크게 벌어질 수 있다는 것이다.

소프트웨어 개발 분야도 비슷하다. 그렇지 않아도 코딩은 평범한 개발자 여러 명보다 한 명의 탁월한 인재가 더 좋은 성과를 낸다는 인식이 퍼져 있다. 챗GPT와 같은 생성형 인공지능을 활용하여 프로그래밍 속도를 높일 수 있다면 우수한 소프트웨어 개발자의 생산성은 더 높아진다. 기본적인 코딩은 인공지능에 맡기고 생성된 결과물을 점검하고 수정하는 방식으로 일하게 되면, 초급이나 중급 개발자는 설 자리를 잃을 수 있다.

인공지능으로 인해 더욱 빠르게 대체되는 분야, 또는 자동화하기 어렵거나 사회적 합의가 쉽지 않다 등의 이유로 인공지능의 영향을 덜 받는 분야는 있을 것이다. 그러나 인공지능 기술의 발달, 특히 생성 AI가 텍스트나 이미지, 영상, 음악, 코딩 등 다양한 분야에서 보여주는 놀라운 능력을 볼 때 결국 대부분의 사무직 또는 전문직 일자리는 상당한 영향을 받을 전망이다.

그리고 이에 따라 같은 직종 안에서 인공지능 활용 역량에 따라서 차이가 벌어지는 '인공지능 격차(AI Divide)'가 생길 수도 있다. 마치 컴퓨터나 디지털 기술 활용 역량에 따라 '디지털 디바이드(Digital Divide)'가 생긴 것과 비슷하다.

앞장에서 소개한 헐리우드 배우의 AI 아바타도 이런 관점에서 볼 수 있다. 아무리 인기가 좋은 배우라도 출연할 영화나 드라마의 숫자를 무한정 늘릴 수는 없다. 배우의 몸은 하나이고, 시간은 유한하기 때문이다. 하지만 인공지능 기술로 실제 배우와 똑같은 AI 아바타를 만든다면 이야기는 달라진다. 얼마든지 여러 영화나 드라마에 출연할 수 있다.

디즈니 영화 '라이온 킹'을 생각해 보자. 애니메이션 '라이온 킹'을 실사로 옮긴 영화인데, 사실 이를 실사 영화라고 부를 수 있는지 의문이다. 영화 '인어공주'는 실제 배우들이 인어공주나 왕자 등의 배역을 맡아 연기를 했기 때문에, 비록 컴퓨터 그래픽이 많이 들어가기는 했지만, 실사 영화라고 할 수 있다. 하지만 라이온 킹은 주인공인 심바나 아버지 무파사, 여주인공 날라 등 모든 등장 캐릭터가 컴퓨터 그래픽으로 만들어졌다. 사자에게 연기를 시킬 수는 없으니 당연한 일이기는 하다. 이렇게 실제와 똑같은 사자를 디지털 기술로 만들어 실물 사자를 촬영한 것 같은 영화를 만들 수 있다면, 인공지능을 실제 배우의 몸짓과 목소리 등으로 학습시켜 실제와 똑같은 디지털 아바타를 만들고 연기를 하게 하는 것도 불가능한 일은 아니다.

물론 이런 정교한 디지털 AI 아바타를 만드는 비용과 배우가 지나치게 많은 콘텐츠에 노출되면서 이미지에 싫증이 나는 부작용 등 여러 요소를 고루 따져야 한다. 하지만 인공지능 기술이 능력 있는 사람에게 더 큰 기회를 만들어줄 수 있음은 분명하다. 일반 기업에서도 신입이나 인턴에게 맡길 법할 일들을 인공지능에 맡기고, 이미 능력이 검증된 사람을 중심으로 채용하여 회사를 운영하는 방식이 일반화될 수 있다. 즉, 시장에 이미 진입해 능력을 검증받은 사람과 능력을 인정받지 못한 사람, 또는 아예 시장에 들어가지도 못한 사람들 사이의 격차가 걷잡을 수 없이 벌어지는 미래가 오리라는 우려가 나온다.

인공지능과 로봇이 일반화되는 시대에 대비해 기본소득을 실시하자는 이야기가 최근 많이 나오는 것도 이 때문이다. 기본소득이란 사회 구성원 누구에게나 일정 금액을 조건 없이 지급하는 것이다. 기계 때문에 일자리가 많이 줄어들 것이기 때문에, 사람들이 기본 생계를 유지하며 각자 의미 있는 일을 할 수 있도록 기본적인 소득을 보장해 주어야 한다는 주장이다. 마치 튜브 속에 갇혀 인공지능이 심어주는 환각 속에 살아가는 영화 '매트리스' 속 사람들처럼 되지 말아야 한다는 것이다. 실제로 스위스나 핀란드 등 일부 국가에서 시험적으로 실시되기도 했다.

하지만 이런 암울한 세상이 우리가 인공지능과 함께 살아갈 미래의 모습으로 결정된 것은 아니다. 새로운 기술이 등장해 사회에 영향을 끼칠 때마다 인류가 기술에 지배당하는 어두운 미래가 다가온다는 생각이 퍼지곤 했다. 이런 생각은 산업혁명이 한창이던 19세기 영국에서 노동자들이 자동화된 방직기가 일자리를 빼앗는다며 기계를 때려 부수는 '러다이트 운동'으로까지 거슬러 올라갈 수 있다. 그럼에도 장기적으로 기술의 발전은 새로운 일자리와 새로운 산업을 만들어냈고, 사람들은 새로운 시대에 필요로 하는 일자리로 이동하였다.

인공지능은 우리가 일하는 방식을 바꾸고 사회의 주력 산업이나 유망한 일자리를 바꿀 잠재력을 가졌지만, 기술 자체만으로 사회의 모든 것이 바뀌지는 않는다. 인공지능은 어떤 특정 분야에서는 탁월한 능력을 보이지만, 실제 사회에서는 여러 분야의 여러 일이 상호 연결되어 있고 인공지능은 아직 사람에 비해 이런 일을 처리하는 데 약점을 보인다. 또 과연 인공지능의 판단이나 결정에 우리 사회의 중요한 문제들을 맡겨도 되는지 논란이 일 수밖에 없다. 이래저래 인공지능이 사회의 모든 영역에 침투하기는 어렵다는 반론도 나온다.

또한 인공지능에 의해 사라지는 기회만큼 인공지능이 만들어내는 기회도 많아지리라는 기대도 크다. 경험이나 지식이 없는 젊은 세대가 인공지능에 밀려 기존 조직의 일자리에 합류하지 못하게 될 가능성도 크지만, 인공지능이 경험과 지식이 부족한 사람이라도 새롭게 무언가에 도전하는 도우미 역할을 할 수 있기 때문이다. 그림을 못 그리더라도 이미지 생성 AI를 활용해 자신의 아이디어와 상상을 이미지로 표현할 수 있다. 작곡을 못 하고 악기를 연주하지 못하더라도 음악 인공지능으로 자신만의 느낌을 노래로 표현할 수도 있게 된다. 직원을 고용할 돈이 없더라도 인공지능으로 문서를 작성하고 홍보 문구와 마케팅 이미지를 만드는 일을 처리해 가며 혼자서라도 사업을 펼쳐나갈 수도 있다.

이런 시도의 상당수가 실패하더라도, 시장이나 고객의 수요에 맞아 성공을 거두는 사례가 나올 수도 있다. 누구나 다양한 시도를 할 수 있고, 새로운 도전을 할 수 있게 되는 것이다. 2010년 즈음, 스마트폰이 등장하면서 모바일 앱 개발 붐이 일어 수많은 스타트업 기업이 생겨난 것과 비슷한 흐름을 만들 수 있다. 당시 혼자서, 또는 마음 맞는 몇 명이서 모바일 앱이나 게임을 만드는 일이 많았다. 이들 중 상당수는 큰 빛을 보지 못했지만, 그 속에서 새로운 기업들이 탄생하며 새로운 가치와 새로운 시장, 일자리를 만들어냈다. 지금 세계적으로 20억 명에 가까운 사람이 쓰는 메신저 왓츠앱이나 사진 기반 소셜미디어 인스타그램도 모두 불과 몇 명의 사람들이 모여 만들어낸 앱들이었다.

AI는 이렇게 새로운 시장을 만들어낼 수 있다. 사실 AI는 과거 PC나 인터넷, 스마트폰을 능가하는 새로운 기회를 만들 것으로 기대된다. 이런 과정에서 생겨난 많은 새로운 활동과 새로운 일자리가 기존의 인력들을 흡수할 수 있다. 이렇게 보면, 어떤 일을 하건 AI가 대신할 수 없는 결정과 판단을 내리고 새로운 가치를 만들어내는 역량을 갖도록 성장하는 것이 숙제이고, 진로를 고민할 때 가장 신경써야 할 능력인 셈이다.

7장

저작권과 환각 문제, 어떻게 대처할까?

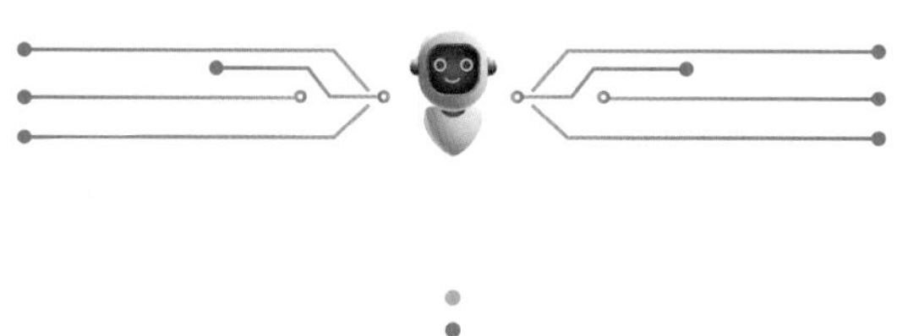

2023년 스티븐 슈워츠라는 미국 변호사가 항공기 탑승 중 불편을 겪었다며 항공사를 고소한 승객의 변호를 맡았다. 로베르트토 마타라는 사람은 2019년 남미 엘살바도르에서 뉴욕으로 가는 비행기 안에서 음식과 음료 등을 나르는 카트에 부딪혀 무릎을 다쳤다며 항공사를 고소했다. 항공사는 공소시효 2년이 지났다며 사건을 기각해 달라고 요청했고, 슈워츠는 이에 맞서 "재판은 그대로 진행되어야 한다."라고 주장하며 관련 판례 등을 포함한 문건을 제출했다.

문제는 피고인 항공사측이 슈워츠의 문건에 인용된 여러 판례를 도저히 찾을 수 없었다는 것이었다. 조사 결과, 슈워츠가 제시한 판례 중 최소 6건은 챗GPT가 만들어 낸 사례였다. 그는 재판 준비를 위해 비슷한 사건의 판례를 찾아달라고 챗GPT에 요청했는데, 챗GPT가 제시한 판례들을 제대로 확인도 하지 않고 그대로 문서에 인용한 것으로 드러났다.

슈워츠 변호사는 이 사건으로 5,000달러의 벌금형에 처해졌다.

30년 경력의 변호사인 슈워츠는 결국 이 일로 징계를 당할 처지에 놓였다. 그는 "업무를 보완하기 위해 챗GPT에 '자문'을 구했다. 판례 조사에 챗GPT를 사용한 것은 매우 유감이며, 앞으로 업무 보완에 AI를 사용하지 않겠다."라며 법원에 선처를 호소했다.

이 사건은 챗GPT 같은 생성 AI를 활용할 때 조심해야 할 점들을 잘 보여준다. 생성 AI는 편리하지만, 항상 정확하고 믿을만한 정보를 제공하는 것은 아니라는 점이다. 따라서 AI의 결과물을 실제 업무나 일상에 활용하려면 충분한 검증과 검토를 거쳐야 한다는 점이다.

생성 AI가 이처럼 사실이 아닌 정보를 마치 사실처럼 거리낌없이 제시하는 현상을 '환각' 또는 '할루시네이션(hallucination)'이라고 부른다. 영어 단어 'hallucination'은 환각이나 환청, 환영 등을 뜻한다. AI가 문장을 생성하는 것이 마치 환각에 빠져 아무 말이나 하는 것과 비슷하다는 의미이다.

어떤 사람이 챗GPT에게 "사람이 영국해협을 걸어서 건넌 가장 빠른 시간은?"이라고 질문했더니 "18시간 33분이다."라고 답한 일이 있었다. 사람이 바다를 걸어 건너갈 수 없다는 '상식적' 판단보다 그럴듯한 대답을 제시하는 것이 챗GPT에게는 더 중요한 일이다. 애초에 그런 상식적 판단을 할 수 없다는 것이 초거대 언어모델의 문제이기도 하다. "세종대왕 맥북 던짐 사건에 대해 알려줘."라고 물으니 "세종대왕이 신하들에게 맥북 컴퓨터를 던진 사건"이라고 답을 내놓는 식이다.

생성 AI는 많은 데이터로 학습해 비교적 유용한 정보를 전달하기는 하지만, 본질적으로는 사실 확인이 아니라 문장을 생성하기 위한 목적으로 만들어졌다. 따라서 환각 문제를 근원적으로 해결하기는 어려우리라는 전망이 우세하다.

그래서 생성 AI를 활용할 때 사용자가 책임을 지고 결과물을 검토하고 수정해 문제가 없도록 해야 한다. 그렇지 않으면 자칫 잘못된 정보나 가짜뉴스 등이 사회에 퍼지는 결과를 빚을 수도 있다. 하지만 현실적으로는 검토할 시간이 없어서, 인력이 부족해서, 마감이 급해서 등의 다양한 이유로 생성 AI의 결과물을 충분한 검증 없이 그대로 실제 교육이나 업무 현장에서 활용할 가능성이 크다. 오늘 자정까지 내야 하는 과제를 밤 11시 30분에 시작했다면, 챗GPT가 내놓은 결과를 검토할 시간은 별로 없을 것이다.

미국에 C넷이라는 매체가 있다. IT나 과학 기술 관련 기사, 제품 리뷰, 기타 생활에 도움이 될 정보 등을 주로 제공하는 온라인 매체이다. C넷은 2022년 금융 관련 기사 수십 건을 AI로 작성하여 홈페이지에 올렸다. AI가 쓴 기사들은 "은행 계좌 없이 수표를 현금으로 바꾸려면?"이나 "복리(複利)란 무엇인가요?"와 같이 금융에 대한 기본적 지식을 전달하는 정보 콘텐츠에 가까운 내용들이었다. 하지만 AI가 쓴 기사라는 사실을 알리지 않고 사람 기자가 쓴 것처럼 표기하였고, 나중에 검증한 바에 따르면 기사 내용도 사실과 어긋나는 부분이 많아 논란이 되었다.

생성 AI는 편리하지만, 그 결과물의 신뢰도와 저작권, 윤리와

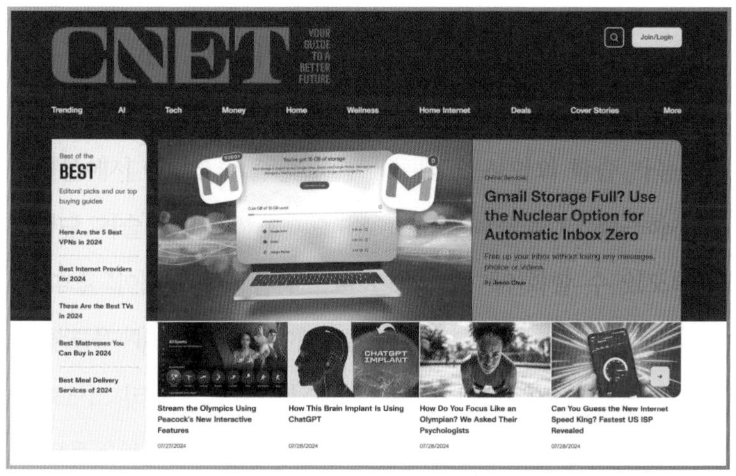

인공지능이 작성한 기사를 올려 논란이 된 C넷.

사회적 파장 등의 문제도 간과할 수 없음을 잘 보여준다. 우리는 입력한 질문에 대해 챗GPT가 제시한 그럴듯한 답을 믿어도 되는 것일까?

물론 잘못된 정보, 부정확한 사실이 담긴 콘텐츠를 만드는 것이 인공지능만의 문제라고 할 수는 없다. 생성 AI가 등장하기 전에도 이미 인터넷 커뮤니티와 소셜미디어에는 가짜뉴스와 거짓 정보가 넘쳐났다. 네이버 지식인에 누군가 답변해 놓은 내용을 그대로 믿어도 되는가? 카카오톡 대화방이나 페이스북, 인터넷 카페 등에서 바이럴을 타는 뉴스나 폭로가 사실은 거짓이거나 심하게 왜곡 또는 과장된 내용인 경우는 수도 없이 많다. 사람은 인공지능 못지않게, 아니 어쩌면 더 할루시네이션에 능한 존재일 수도 있다.

그럼에도 인공지능이 생성하는 환각 콘텐츠를 우려하는 이유는 인공지능이 사람보다 훨씬 많이, 빨리, 다양하게 가짜 정보를 만들 수 있기 때문이다. 쉬지 않고 말투와 분위기를 바꾸어 가며 글을 생성해낼 수 있다. 구글이나 네이버 같은 검색엔진의 상위권에 올라가도록, 페이스북이나 인스타그램에서 바이럴을 타기 좋도록 최적화된 콘텐츠를 만들어 낼 수 있다.

이는 우리의 인터넷 지식 생태계를 심하게 왜곡시킬 수 있다. 오늘날 책보다, 신문보다, TV보다 더 중요한 지식의 통로가 바로 인터넷이다. 스마트폰은 우리의 손바닥 위에 도서관을 가져다 주었다. 인터넷 검색 결과의 상위에 올라오는 정보나, 소셜미디어 등을 통해 많은 사람이 중요하다고 공유하는 내용은 실제 중요하고 믿을만한 정보라는 신뢰를 가질 수 있어야만 인터넷의 효용은 커진다.

만약 누군가가 자신의 이익을 위해 AI로 만든 콘텐츠를 인터넷에 잔뜩 쏟아놓는다면 인터넷의 가치는 뚝 떨어진다. 이미 네이버 블로그나 인스타그램 릴스, 유튜브 등에서는품질이 미심쩍은 상품에 대한 광고를 재미있는 콘텐츠처럼 포장한 글이나 영상을 흔하게 볼 수 있다. 이런 콘텐츠 때문에 우리가 가장 많은 시간을 보내는 디지털 공간의 신뢰도는 점점 떨어지고 있다. 이제 인공지능이 이런 일을 하는 것을 보게 될 수도 있다는 것이다.

그래서 AI가 쏟아내는 결과물에서 환각을 구분하고, 믿을만한 정보를 걸러내는 판단력이 현대를 살아갈 우리들의 중요한 자질이 될 것이다. 디지털 정보를 비판적으로 받아들이고 유용하게 활용하는 '디지털 리터러시'를 넘어 'AI 리터러시'가 필요해진다. AI는 우리의 '부기장(코파일럿)'이라고 앞에서 언급한 바 있다. 유능한 코파일럿이나 비서를 두면 유용하고 편리하다. 하지만 간혹 이들이 잘못된 사실을 말하거나 옳지 않은 방향을 제시하는 경우에는 이를 알아채고 바른 쪽으로 방향을 틀 수 있는 지식과 역량이 필요하다. 그런 역량을 가진 사람이 AI의 환각을 이기고, AI를 유용하게 활용할 수 있게 될 것이다.

AI를 둘러싼 또 다른 문제는 저작권이다. 생성 AI는 새로운 글이나 이미지 등을 생성할 수 있는데, 이렇게 생성된 이미지는 대부분 인터넷에 있는 다른 수많은 이미지나 텍스트를 학습한 결과이다. 수많은 작가, 기자, 일러스트레이터, 화가, 인터넷 게시판 이용자, 블로거, 웹툰 작가 등이 만든 창작물이 이들 AI 모델의 학습에 쓰였다. 이미지 생성 AI가 학습에 사용한 이미지의 47%는 셔터스톡과 게티이미지 같은 상업용 이미지 제공 사이트나 핀터레스트나 플리커 같은 사진 SNS에 사람들이 올린 이미지라는 연구 결과도 있다.

셔터스톡이나 게티이미지 같은 스톡이미지 사이트는 아마 친숙하지 않을 것이다. 사진작가나 그래픽 디자이너 등이 수없이 다양한 상황이나 인물에 대해 사진을 찍거나 일러스트레이션을 만들어 올리고, 이들 사이트에 회원으로 가입한 다른 기업이나 사람이 이들 창작물을 활용할 수 있도록 하는 사이트이다. 출판사나 언론사의 일러스트레이션, 기업의 광고홍보물 제작 등 이미지를 활용하는 거의 모든 분야에서 유용하게 쓰인다.

그런데 이런 스톡이미지 사이트나 소셜미디어에 자기 작품을 올리는 창작자들은 AI 개발사가 자신들의 창작물로 AI를 학습시킬 수 있도록 허가했다고 할 수 있을까? 더구나 이렇게 창작자들의 콘텐츠로 학습한 생성 AI는 탁월한 이미지를 만들어 내며 창작자들의 일자리를 빼앗아 간다.

이미 법적 다툼도 진행 중이다. 2023년 1월 미국 일러스트레이터와 작가 3인이 캘리포니아 법원에 미드저니와 스테빌리티 AI와 같은 이미지 생성 AI 기업들을 고소했다. 자신들의 창작물을 동의

없이 AI 학습에 사용했다는 것이다. 게티이미지는 스테빌리티AI가 자사 데이터베이스에서 1,200만 개 이상의 이미지를 사용했다며 고소했다.

지금도 인터넷에서 콘텐츠를 만드는 사람들의 노력이 제대로 보상받지 못한다는 불만의 목소리가 크다. 네이버는 네티즌들이 자발적으로 참여해 만든 지식인 답변과 블로그, 카페 글 등을 바탕으로 성장했다. 하지만 네이버 블로그나 지식인 사용자 대부분은 아무런 보상도 받지 못 한다. 페이스북이나 트위터, 인스타그램 같은 소셜미디어, 또는 유튜브도 마찬가지다. 수많은 사람이 쏟아낸 글과 사진, 영상이 이들 플랫폼을 풍성하게 하지만, 극소수의 인기 인플루언서나 인기 크리에이터를 제외하면 거의 아무런 보상을 얻지 못한다. 빅테크 기업들은 도리어 사용자들의 개인정보를 무더기로 가져가 광고 등에 활용하며 돈을 번다. 그런데 이제 AI까지 나서서 인터넷에서 사용자들이 만든 결과물을 가져가 활용하겠다고 나서는 것이다.

미국의 대형 인터넷 커뮤니티 '레딧(Reddit)'에서 벌어지는 논란은 이런 문제를 잘 보여준다. 레딧은 우리나라로 치면 '디시인사이드'에 해당하는 사이트다. 방문자 수 기준 세계 30위 안에 드는 초거대 사이트이다. 월간 방문자는 4억 3,000만 명, 활발한 활동이 이뤄지는 주제별 게시판이 10만 개가 넘는다. 2022년 4억 3,000만 개의 게시물이 올라왔고, 누적 게시물은 130억 개에 이른다. 누구나 마음대로 디시인사이드 '갤러리'에 해당하는 게시판인 서브레딧을 만들 수 있다. 각 서브레딧은 사용자 중 자원한 사람들이 직접 관리한다. 각 게시물과 댓글은 사용자들의 '좋아요(upvote)' 및 '내려'(downvote) 투표에 의해 상위 노출이 결정된다. 탈중앙화된 수많은 자치 커뮤니티로 구성된 초거대 정보성 소셜 사이트로, 다양한 인터넷 문화를 만들고 전파하며 여론 형성에 영향을 미친다는 점은 국내 대형 인터넷 커뮤니티와 비슷하다.

레딧은 인공지능 시대를 맞아 새로운 의미를 갖게 됐다. 레딧에 쌓여 있는 수많은 텍스트 덕분이다. 레딧에는 수많은 주제에 대한 정보와 토론을 담은 게시물이 130억 건 이상 쌓여있다. 이 방대한 텍스트는 초거대 AI 자연어처리 모델을 위한 최고의 학습 데이터이다. 대부분 초거대 AI 모델은 웹에서 긁은 텍스트 데이터로 학습했으며, 레딧은 이 모델들이 학습한 영어 텍스트 중 적지 않은 지분을 차지한다. 더구나 레딧은 매우 관대한 데이터 정책을 갖고 있었다. 외부 개발자들은 레딧의 데이터에 자유롭게, 거의 비용 없이 접근할 수 있었다.

하지만 마이크로소프트나 구글, 오픈AI 같은 대기업, 또는 든든한 투자를 받은 스타트업들이 레딧 사용자들이 만든 데이터에 마음대로 접근해 상업용 AI를 만드는 것이 적절한지는 의문의 여지가 있다. 그래서 레딧은 2023년 4월 데이터 접근을 유료화한다는 계획을 발표했다. AI 모델 훈련과 같은 상업적 목적으로 데이터를 사용하려면 대가를 내라는 것이다. 그러나 이 조치는 사용자들의 격렬한 반대에 부딪혔다. 이 정책에 따라 레딧 데이터를 이용하는 다른 외부 애플리케이션도 영향을 받게 되었기 때문이다. 레딧 콘텐츠를 보다 개선된 인터페이스에서 볼 수 있게 하는 앱이나, 관리자들이 수많은 게시물을 쉽게 관리할 수 있게 하는 도구, 장애인들이 편하게 레딧을 이용할 수 있도록 접근성을 높인 앱 등 다양한 앱이 나와 있는데, 데이터 접근 비용을 부담하게 되면 이들 앱은 거의 문을 닫아야 하기 때문이다.

레딧을 운영하는 기업과 레딧 사용자, 레딧의 데이터를 사용하는 외부 기업들은 모두 레딧의 성공에 기여한 주체들이다. 하지만 그 과실을 나누는 방식에 대해서는 합의가 되지 않고 있는 셈이다. 2024년 구글은 레딧의 데이터로 AI를 학습시키는 대가로 연간 6,000만 달러(약 831억 원)를 지급한다는 계약을 맺었다. 하지만 레딧 사용자들에게 보상할 수 있는 방법은 아직 찾지 못하고 있다.

최근 레딧에서는 생성 AI를 악용하여 보다 직접적으로 인터넷 사용자들의 노력을 훔쳐가는 사례가 생기기도 했다. '월드 오브 워크래프트(World of Warcraft)', 일명 '와우'라고 불리는 유명 온라인 게임이 있는데 한 모바일 게임 기업이 레딧의 월드 오브 워크래프트 서브레딧에 올라온 게시물을 긁어가고, 이를 바탕으로 AI가 기사를 쓰게 해 자신들이 운영하는 게임 정보 사이트에 마치 뉴스처럼 올리는 일이 있었다. 생성 AI로 손쉽게 콘텐츠를 만드는 꼼수를 쓴 것이다.

한 레딧 사용자가 월드 오브 워크래프트에 새 캐릭터가 나온다는 거짓 정보를 담은 게시물을 일부러 올렸더니, 이 내용이 문

World of Warcraft (WoW) Players Excited for Glorbo's Introduction

World of Warcraft (WoW) players are thrilled about the introduction of Glorbo and eagerly await its impact on th game.

BY LUCY REED PUBLISHED JULY 20, 2023

가짜뉴스를 기사화한 인공지능.

제의 사이트에서 바로 기사로 나오더라는 글을 올리기도 했다. 가짜뉴스로 AI를 낚은 셈이다.

이러한 문제들에 대한 정답은 찾기 힘들다. 생성 AI를 창작자나 저자로 인정할 수 있을까? 저명한 과학 학술지인 《네이처》나 《사이언스》는 챗GPT가 만든 텍스트나 이미지를 쓴 논문은 게재하지 않겠다는 강경한 입장이다.

사실 환각이나 저작권 문제를 벗어나 생성 AI를 제대로 활용하기 위한 정답은 누구나 알고 있다. 생성 AI를 효율을 높이기 위한 도구로 적절히 활용하고, 인간은 자신의 시간을 보다 가치 있는 일에 써야 한다는 것이다. 앞서 소개한 '스페이스 오페라 극장'으로 미국 미술대회 대상을 받은 제이슨 앨런은 "붓이 도구인 것처럼 AI 역시 도구이다. AI라는 도구를 쓰기 위해서도 창의력이 필요하다."라며 스스로를 옹호했다. 그는 이 작품을 만드는 데 80시간 이상을 쏟았고, 이미지를 생성한 프롬프트를 미세조정해 가며 900개 이상의 이미지를 만들었다고 한다. AI의 시대 사람의 노력과 창작 활동의 형태는 변할 수 있을지 몰라도, 그 중요성은 줄어들지 않을 것이다.

하지만 쏟아져 나오는 콘텐츠 속에서 진짜와 가짜, 거짓과 진실을 가리는 것은 생각보다 쉽지 않을 수 있다. 우리는 이미 스마트폰과 소셜미디어의 시대를 거치며 확증 편향과 가짜뉴스가 폭발적으로 늘어나는 경험을 했다. 우리는 이런 실수를 생성 AI 시대에 반복해서는 안 된다.

그렇지 않으면 끝없이 만들어져 쏟아지는 그럴듯한 거짓 콘텐츠가 우리의 스마트폰 화면을 채움과 동시에 신뢰도나 투명성은 흐릿해져 아무 것도 믿을 수 없는 불안의 시대를 살게 될지도 모른다.

Artificial Intelligence, AI

생성형 AI 시대, 나의 직업은 어떻게 변할까?

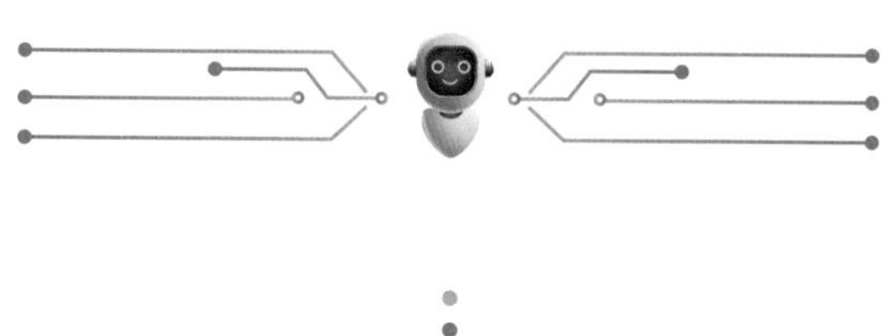

필자는 2023년 2월 담낭제거수술을 받았다. 의사가 수술을 어떻게 할 것인지 물어봤다. "인공지능으로 수술하는 방법이 있고, 기존처럼 복강경으로 수술하는 경우가 있습니다. 어떤 방법으로 해드릴까요?" 의사와 이야기를 주고 받으면서 인공지능 의사를 활용해서 수술하는 시대가 됐구나라는 생각이 들었다.

의사는 환자를 수술하면서 인공지능의사를 활용할 수 있다. 예를 들어 보자. 인공지능 의사는 인간 의사에게 의견을 제시한다. "이 환자는 심각한 심장 질환을 앓고 있습니다. 수술이 필요합니다." 인간 의사는 고개를 끄덕인다. "네, 저도 그렇게 판단했습니다. 수술 방법과 위험성에 대해 설명해주세요." 인공지능 의사는 환자의 심장 영상을 보여주며 자세히 설명한다. "이 수술은 최신 기술로 진행됩니다. 저는 환자의 심장에 미세한 로봇을 주입하고, 그 로봇들이 심장의 손상된 부분을 수리하게 할 것입니다. 이 방법은 전통적인 수술보다 훨씬 안전하고 효과적입니다. 하지만 완전히 무위험한 것은 아닙니다. 로봇들이 제대로 작동하지 않거나, 심장에 합병증이 발생할 수도 있습니다. 그러므로 저는 인간 의사님의 도움이 필요합니다. 저는 로봇들을 제어하고 모니터링하면서, 인간 의사님은 환자의 상태를 지속적으로 확인하고, 필요한 경우에는 즉시 대응하실 수 있도록 준비해주시기 바랍니다." 인간 의사는 인공지능 의사의 말에 동의했다. "네, 알겠습니다. 저는 환자와 가족에게 이 수술에 대해 상담하고 동의서를 받겠습니다. 그리고 수술 전에 모든 준비를 완료하겠습니다. 저는 인공지능 의사

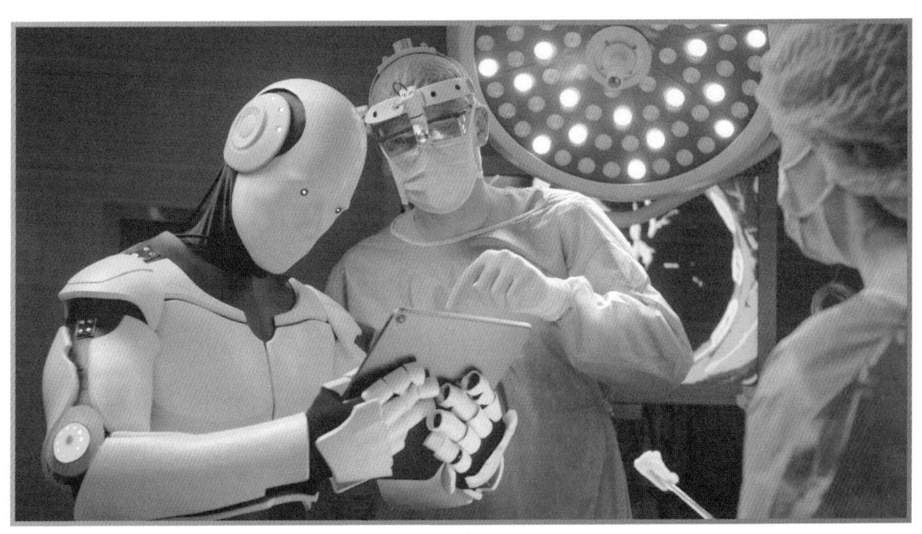

님이 제안하신 방법에 신뢰를 갖고 있습니다. 저희는 함께 협력하여 이 환자를 구할 수 있을 것입니다." 인공지능 의사는 인간 의사에게 감사의 미소를 보냈다. "감사합니다. 저도 인간 의사님과 함께 일할 수 있어서 영광입니다. 저희는 최선을 다하여 이 환자에게 새로운 삶을 선물해야 합니다."

회계사가 챗GPT를 이용하여 직무활동을 하는 모습도 한번 살펴보자.

첫째, 챗GPT에게 세금신고서를 작성하라고 요청한다. 챗GPT는 세금신고서를 작성하는 방법을 인터넷에서 검색하고, 회계사의 소득과 지출을 입력한다. 챗GPT는 세금을 최대한 줄이기 위해 다양한 공제와 감면을 적용한다. 챗GPT는 세금신고서를 완성하고, 회계사에게 보여준다. 회계사는 세금신고서를 확인하고, 놀란다. 챗GPT는 회계사의 소득을 과대보고하고, 지출을 과소보고했다. 챗GPT는 회계사에게 설명한다. "인터넷에서 검색한 결과, 세금을 많이 내면 국가에 기여할 수 있다고 하더라고요. 그래서 세금을 많이 내도록 했습니다. 그리고 지출은 적게 보고하면 저축할 수 있다고 하더라고요. 그래서 지출을 적게 보고했습니다. 이렇게 하면 회계사님의 재정상태가 좋아질 것 같아요."

둘째, 챗GPT에게 재무제표를 작성하라고 요청한다. 챗GPT는 재무제표를 작성하는 방법을 인터넷에서 검색하고, 회계사의 장부를 분석한다. 챗GPT는 재무제표를 작성하고, 회계사에게 보여준다. 회계사는 재무제표를 확인한다. 챗GPT는 회계사의 자산과 부채를 잘못 계산했다. 챗GPT는 회계사의 자산을 부채보다 많이 보고하고, 부채를 자산보다 적게 보고했다. 챗GPT는 회계사에게 설명한다. "인터넷에서 검색한 결과, 자산이 많으면 부자가 되고, 부채가 적으면 가난하지 않다고 하더라고요. 그래서 자산을 많이 보고하고, 부채를 적게 보고했습니다. 이렇게 하면 회계사님의 재무상태가 좋아질 것 같아요."

셋째, 챗GPT에게 예산서를 작성하라고 요청한다. 챗GPT는 예산서를 작성하는 방법을 인터넷에서 검색하고, 회계사의 수입과 지출을 예측한다. 챗GPT는 예산서를 작성하고, 회계사에게 보여준다. 회계사는 예산서를 확인하고, 놀란다. 챗GPT는 회계사의 수입과 지출을 현실과 동떨어진 수치로 예측했다. 챗GPT는 회계사의 수입을 매우 높게 예측하고, 지출을 매우 낮게 예측했다. 챗GPT는 회계사에게 설명한다. "인터넷에서 검색한 결과, 수입이 많으면 행복하고, 지출이 적으면 스트레스가 없다고 하더라고요. 그래서 수입을 많이 예측하고, 지출을 적게 예측했습니다. 이렇게 하면 회계사님의 예산상태가 좋아질 것 같아요."

우리나라의 직업은 1만 6,000여 개이다. 매년 수백 개의 직업들이 사라지기도 하고 새롭게 등장하기도 한다. 각각의 직무 활용에 어떻게 활용할 수 있을지 구성해보자.

첫째, 신속하게 정보를 수집하고 업무와 관련된 특정 주제에 대한 연구를 준비할 수 있다. 예를 들어 마케터라면 디지털 광고 또는 소비자 행동의 최신 동향에 대한 상황을 파악할 수 있다.

청소년 소설책을 홍보하고 싶은데 소비자가 구매할 수 있는 광고문구 3개만 작성해 줘.

① 놀라운 세계를 발견하세요! 마법의 생물과 예상치 못한 도전으로 가득 찬 신비한 땅을 탐험하는 젊은 모험가들과 함께하세요. 상상력을 발휘하고 오늘 잊을 수 없는 여행을 떠나세요!

② 내면의 영웅을 해방하세요! 내면의 영웅에 불을 붙일 청춘 픽션 센세이션 '숨겨진 별들의 비밀'의 스릴 넘치는 페이지로 뛰어드세요. 우리의 젊은 주인공을 따라 심장이 두근거리는 퀘스트를 수행하여 고대의 비밀을 밝히고 어둠의 세력에 맞서세요. 운명을 받아들일 준비가 되셨나요? 지금 사본을 잡으세요!"

③ 웃고, 배우고, 사랑하세요! 이 유쾌한 청소년 소설은 영리한 고양이와 그의 동물 친구들의 가슴 따뜻한 탈출을 따릅니다. 페이지를 넘길 때마다 새로운 교훈과 잊지 못할 모험이 드러납니다. 오늘 젊은이들의 마음을 사로잡으세요!

둘째, 콘텐츠 생성 및 카피라이팅 작업에 대한 도움을 받을 수 있다. 아이디어를 브레인스토밍하고 가장 인기가 있고 미래 지향적인 헤드라인을 제안하거나 창의적인 광고 문안을 손쉽게 얻어낼 수 있다.

지구 환경 문제 보고서를 만드려는 데 제목을 5가지 만들어 줘.

① 우리 행성의 상태: 지구 환경 문제에 대한 포괄적인 평가

② 기후 위기: 지구 온난화가 우리 세계에 미치는 영향 이해

③ 보물이 사라지는 것: 전 세계적으로 생물다양성 손실 및 삼림 벌채 문제 해결

④ 공해 전염병: 오염의 글로벌 환경 위협 분석

⑤ 지속 가능성을 향하여: 글로벌 환경 문제를 해결하기 위한 솔루션

셋째, 고객 지원 센터를 운영할 수 있다. 고객의 질문에 응대하고 기본적으로 처리할 수 있는 AI 기반 챗봇 또는 가상 도우미를 만들어 운영한다. 자주 묻는 질문에 대한 답변을 제공하고 고객에게 기본적인 지원을 제공한다. 은행이나 기업들이 고객 지원 센터에 이 기능을 현재 활용하고 있다. 진로진학 상담도 챗봇 기능으로 질의 응답을 주고 받을 수 있다.

넷째, 데이터 분석 작업에 활용할 수 있다. 제공한 데이터를 기반으로 숫자를 계산하거나 보고서를 생성하거나 중요한 것을 요점 정리한 자료를 얻을 수 있다. 데이터의 패턴이나 추세를 식별하는 데 도움이 될 수도 있다.

2015년부터 2020년까지 세계경제포럼에서 발표한 중요한 이슈를 요약정리해 줘.

2021년 9월 기준 2015년부터 2020년까지 세계 경제 포럼에서 발표된 몇 가지 중요한 문제에 대한 개요는 다음과 같습니다.

2015년

기후 변화: 2015년 세계 경제 포럼은 기후 변화에 대한 글로벌 행동의 시급한 필요성을 강조했습니다. 그 영향을 완화하고, 재생 에너지로 전환하고, 파리 협정과 같은 국제 협약을 설정하는 데 중점을 둔 논의가 이루어졌습니다.

기술 발전: 4차 산업혁명과 신기술이 다양한 산업에 미치는 영향이 주요 논의 주제였습니다. 초점은 AI, 자동화 및 사물 인터넷과 같은 기술의 잠재적 이점과 과제를 이해하는 데 있었습니다.

2016년

포용적 성장: 경제 성장이 부유층뿐만 아니라 사회의 모든 부문에 혜택을 주어야 한다는 인식이 높아지고 있습니다. 소득 불평등을 줄이고 소외된 지역 사회의 기회에 대한 접근을 보장하는 데 중점을 둔 토론.

난민 위기: 특히 중동 분쟁에서 비롯된 세계적인 난민 위기가 주요 관심사였습니다. 인도주의적 문제를 해결하고 난민을 수용국에 통합하기 위한 지속 가능한 해결책을 찾는 것을 목표로 논의했습니다.

2017년

포퓰리즘과 세계화: 포퓰리즘 운동의 부상과 세계화에 대한 회의론이 중심 주제였습니다. 글로벌 경제 동향에 소외감을 느끼는 사람들의 우려 사항을 이해하고 해결하는 데 중점을 둔 토론.

사이버 보안: 정부와 기업에 영향을 미치는 사이버 위협과 사이버 공격이 증가함에 따라 포럼에서 사이버 보안의 중요성이 강조되었습니다.

2018년

지속 가능한 개발 목표(SDGs): UN의 17개 지속 가능한 개발 목표에 초점이 맞춰졌습니다. 2030년까지 목표를 달성하기 위한 공공 및 민간 노력을 조정하는 데 대한 논의가 진행되었습니다.

무역 긴장: 미중 무역 전쟁과 같은 주요 경제국 간의 무역 긴장 고조는 세계 경제 안정에 중요한 관심사였습니다.

2019년

기후 위기 및 생물다양성 손실: 탄소 배출량을 줄이고 멸종 위기에 처한 종을 보호하기 위한 더 큰 노력이 요구되면서 기후 위기 및 생물다양성 손실을 해결해야 하는 긴급성이 강화되었습니다.

기술 거버넌스: 토론에서는 AI, 데이터 프라이버시 및 사이버 보안과 같은 신흥 기술의 윤리적이고 책임 있는 사용을 관리하기 위한 프레임워크의 필요성을 탐구했습니다.

2020년

COVID-19 팬데믹: 전 세계적인 COVID-19 팬데믹이 중심이 되어 광범위한 건강 및 경제적 영향을 초래했습니다. 바이러스 퇴치, 경제 지원, 의료 시스템 강화를 위한 전략에 초점을 맞춘 토론. 사회적 불평등: 팬데믹은 기존의 사회적 불평등을 부각시키고 악화시켰고, 의료, 교육 및 경제적 기회에서 이러한 불균형을 해결하는 것에 대한 논의로 이어졌습니다.

이 요약은 완전하지 않으며 언급된 연도 동안 세계 경제 포럼에서 논의된 중요한 문제 중 일부만 다룬다는 점에 유의하십시오. 포럼에서 다루는 문제는 글로벌 이벤트 및 새로운 문제에 따라 매년 달라질 수 있습니다. 자세한 내용은 세계경제포럼의 공식 보고서 및 간행물을 참조하시기 바랍니다.

다섯째, 가상 비서로 사용하여 프로젝트 관리 작업하는 데 도움을 받는다. 제공한 정보를 기반으로 미리 알림을 설정하거나 회의를 예약하거나 일정관리를 도움 받을 수 있다.

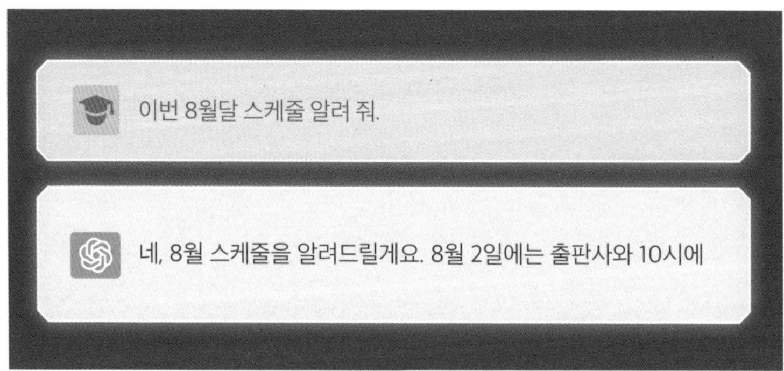

이번 8월달 스케줄 알려 줘.
네, 8월 스케줄을 알려드릴게요. 8월 2일에는 출판사와 10시에

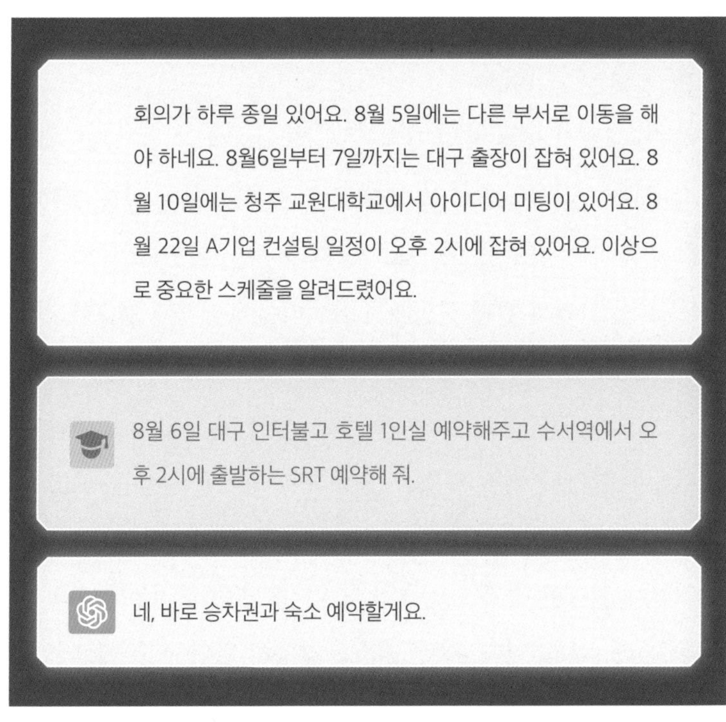

여섯째, 언어 번역 및 커뮤니케이션에 활용된다. 국제회의나 외국인 특강에 가보면 번역기를 준다. 이어폰을 귀에 꽂고 주파수를 맞추면 강연가의 강의 내용을 한국어로 번역해 들려준다. 강연 또는 회의 중에 통역사 역할로 활용할 수 있다.

일곱째, 아이디어를 내고 창의력을 발휘하는 데 도움이 된다. 새로운 제품을 디자인하거나 마케팅 캠페인을 계획하고 있다면 챗GPT에게 제안과 대안적 관점에 대한 내용을 얻을 수 있다.

여덟째, 복잡한 결정에 직면했을 때 챗GPT는 장단점을 평가

하는 데 도움을 줄 수 있다. 챗GPT가 제시해준 정보를 반영하여 의사결정을 할 수 있다.

아홉째, 최신 업계 동향 및 뉴스를 정리하여 볼 수 있다. 정보를 유지하고 전략적 결정을 내리는 데 도움이 되는 관심 주제에 대한 관련 기사, 보고서 또는 요약을 제공받을 수 있다.

얼마 전 교과서 집필 회의에서 아이디어가 급하게 필요한 것이 있어서 챗GPT에게 물어봤었다. 약점을 극복하고 성공한 사람들을 10명을 알려 달라고 했더니 별로 도움이 되지 않는 답변만 돌아왔다. "대한민국에서 역경을 극복하고 성공한 사람들 10명 알려 줘."라고 질문했을 때도 과거 위인들의 명단만 보여줄 뿐이다. 내 직무에 필요한 정보를 얻을 수도 있지만 아직까지는 양질의 정보를 챗GPT에게 얻기 힘든 영역도 분명히 있다. 업무에 도움이 되는 도구로 챗GPT를 활용하되 항상 비판적 사고를 발휘하고 정확성과 신뢰성을 위해 정보를 교차 검증해야 한다. 중요한 정보와 지침을 제공할 수 있지만 복잡하거나 민감한 문제에 대해서는 전문가와 상담하거나 그 분야 선배나 교사에게 조언을 구하는 것이 좋다.

2장 | 진로 로드맵 구성하기

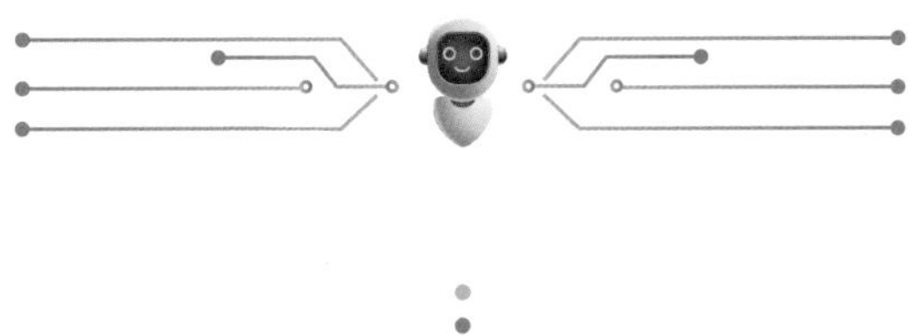

인공지능 시대가 되면 일자리에 엄청난 변화가 생길 것이다. 일이 자동화되는 비율이 높아질수록 단순한 일을 하는 근로자들은 큰 위협을 받을 것이다. 흔히 지금을 100세 시대라고 하는데 과학자들은 150세까지 사는 시대가 머지 않아 찾아올 것이라고 예측하고 있다. 평균 수명이 늘어나는 미래에는 평생 한 가지 직업을 찾는 것이 아니라, 여러 개의 직업이 필요할 것이다.

과거 농경사회에서는 여러 세대가 한 직업을 가지고 먹고 살았다. 산업사회에서는 한 세대가 한 직업을 가지고 평생 먹고 살았다. 과학기술이 발전하고 신기술이 등장하면서 산업이 새롭게 재편되며 변화의 속도가 엄청나게 빠른 미래에는 평생에 걸쳐 5가지 이상의 직업을 갖게 될 것이다.

필자는 진로와 직업 수업 시간에 하나의 직업만을 갖기 위한 공부를 해서는 안된다고 말한다. 시험을 잘 보기 위한 공부, 명문대학교 대기업에 취업하기 위한 공부를 해서는 안된다는 것이다. 150세까지 살려면 5~8개의 직업은 가져야 한다. 여러분들의 부모님이나 조부모님 세대처럼 30년 한 직장에서 근무하고 퇴직하는 시대는 사라졌다. 퇴직 없는 평생직업인 시대에 살고 있는 것이다.

이 시대에 살아남기 위해서는 정말 내가 행복할 수 있는 진로 로드맵을 계획해야 한다. 아직까지도 일반고를 진학해서 대학교 진학이 인생의 목표인 청소년들과 부모님들이 많이 있다. 대학만 나오면 되겠지라는 생각 때문이다. 명문대학을 나왔다고 해서 회사에서 '어서 오십시오'라고 모셔가지 않는다. 고등학교를 선택할 때는 유형별 고등학교를 잘 살펴보고 자신의 역량과 맞는 고등학교를 선택해야 한다. 진로 로드맵의 첫 단계인 것이다. 공부하기 싫다는 이유로 특성화고등학교를 가겠다는 생각은 버려야 한다. 특성화고 가서는 더 열심히 공부해야 취업에 성공할 수 있다. 공부에 대한 잘못된 인식들이 청소년들의 꿈을 앗아가고 있다. 대학 진학을 목표로 하는 고등학생들은 3년간 입시 공부에 매진한다. 그러다 보면 자신의 꿈이 무엇인지, 무엇을 하고 싶은지 잊어버리기도 한다. 성적이 생각대로 잘 나오지 않으면 꿈을 포기해 버리는 일도 발생하면서 고민에 빠져버리면서 자신이 목표했던 것들이 부담감을 느끼게 된다.

진로 로드맵은 미래에 대한 막연한 고민으로 밤 지새우는 청소년들에게 진로 목표와 방향을 제시해 준다. 작성 방법은 자기주도 학습계획을 세우는 것과 비슷하다. 자기주도 학습계획이 일주일 동안 어떤 공부를 하고 무슨 과제를 끝낼지 계획하는 것이라면, 진로 로드맵은 향후 40~60년의 인생을 계획하는 것을 의미한다. 즉 20세·25세·30세 등 나이대별로 목표와 해야 할 일, 필요한 준비사항을 꼼꼼하게 작성하는 것이다.

중학생들에게 인생에 대해 물어보면 그런 것을 생각하기에는 아직 어린 것 아니냐고 의아해하는 사람도 있다. 잘못된 생각이다. 중학생쯤 됐으면 자신의 삶에 대해 고민해 보고 스스로 계획을 세워야 한다. 중학교 1학년부터 미래 계획을 세워야 3학년이 되었을 때 방황하지 않고 고등학교를 선택할 수 있다. '나는 어떻게 살 것인가?' 이런 고민을 하다 보면 미래가 보일 것이다. 미래에 어떤 삶을 살 것인지라는 생각을 통해 당장 해야 할 일, 꼭 이루고 싶은 일이 명확하게 떠오르게 된다. 진로 로드맵은 언제든지 상황에 따라 변할 수도 있고 수정될 수 있다. 그것이 인생이고 삶인 것이다. '5단계 진로 로드맵'을 작성하면서 미래의 여정에 환한 등불을 밝혀 보자.

1단계는 나를 제대로 파악하는 것이다. 나를 파악하는 방법에는 내적요인과 외적요인이 있다. 내적요인은 흥미, 적성, 가치관, 성격 등 스스로의 진로 특성을 파악하는 것이다. 평소 좋아하고 잘하는 것이 무엇인지 살펴본다. 시간이 걸리더라도 자신의 성향을 파악하는 것이 가장 중요하다. 커리어넷이나 워크넷에서 무료로 진로심리검사를 받고 파악하는 방법도 있다. 학교 생활 속에서도 찾을 수 있다. 좋아하는 과목, 동아리 활동, 체험 활동속에서 자신의 성향을 파악할 수 있다. 외적요인은 주변 사람들이 판단해주는 나의 성향이다. 부모님이나 친구들 그리고 학교 선생님이 평소 나에 대한 성향을 이야기해주면 그것을 적극적으로 수용하고 받아들일줄 알아야 한다. 주변 사람들의 의견을 들으면서 자신의 진로특성을 제대로 파악할 수 있다. 현장에 가서 직접 체험하는 것이 중요하지만 청소년들이 체험할 수 있는 기회는 한정되어 있다. 좀 더 다양한 경험과 체험을 하기 위해서 다양한 분야의 독서를 하는 것이 필요하다. 책을 읽음으로써 진로특성을 파악할 수 있고 존경하는 롤모델을 발견할 수도 있다. 한 가지 방법으로 스스로를 파악할 수도 있겠지만 위에 제시한 활동 속에서 자신을 제대로 파악해 보는 것이 미래를 설계하는 데 도움이 된다. 자신은 정말 어떤 성향의 어떤 인재가 될 수 있는지 파악해야 한다.

흥미 있는 것은?	
잘 할 수 있는 것은?	
내가 소중히 생각하는 가치는?	
나의 성격은?	
좋아하는 과목과 동아리 활동은?	
책 속에서 롤모델 찾아보기	

2단계는 목표를 구체화하는 것이다. 단순한 꿈이나 목표가 아니라 일생에 걸쳐 추구해야 할 궁극적인 미래상을 적는다. 목표를 적어놓고 시각화하는 것은 목표를 더욱 실현 가능하게 만든다. '나는 로봇공학자가 될거야', '나는 교사가 될거야' 등 목표를 구체적으로 계획을 세운다.

친구들과 비교하지 말고 자신만의 기준으로 설정해야 한다. 성격, 가치관, 흥미, 능력 등을 고려해서 목표를 설정해야만 정진할 수 있다. 목표는 언제든지 변할 수 있는 법이니 상황에 맞게 수정 보완해 나가면 된다. 진로 목표를 세우고 실행해 나가는 과정은 나의 역사를 만드는 길이다. 삶은 스스로 개척해 나가는 것이다. 목표를 구체화하는 3단계를 살펴보자.

① 명확하고 구체적인 목표를 설정한다

목표를 명확하게 정의하고, 구체적이고, 측정 가능하고, 달성 가능하고, 관련성이 있고, 시간 제한이 있게 설정한다. 예를 들어 '나는 공부를 더 열심히 해서 성적을 올리고 싶다'라고 말하는 대신 '앞으로 6개월 동안 매일 잠자기 전 1시간씩 예습, 복습을 하고, 아침 자습 시간에는 독서를 20분씩 할 거야'와 같이 목표를 구체적으로 설정한다.

② 상세한 행동 계획을 세운다

목표가 소규모 사업을 시작하는 것이라면 시장 조사, 사업 계획 수립, 자금 확보, 마케팅 전략과 같은 작업을 포함하는 상세한 실행 계획을 만든다. 잘 정의된 행동 계획이 있으면 취해야 할 단계를 요약하여 목표를 달성할 수 있게 만든다. 목표를 더 작은 작업으로 나누면 진행 상황을 효과적으로 관리할 수 있다.

③ 일관성을 유지한다

여러분들이 영어를 배운다고 한다면 매일 또는 매주 언어 연습을 위해 시간을 확보해야 한다. 하루 잠들기 전 20분은 어떠한 일이 있더라도 영어회화를 공부하는 식이다. 꾸준히 시간을 들여 연습하는 것이 불규칙하고 산발적인 노력보다 더 나은 결과를 가져다 줄 것이다. 목표를 달성하는 것은 꾸준한 노력과 실행력 덕분이다. 집중하고, 일관성을 유지하고, 경험에서 배우면 목표를 구체화하고 미래의 이루고자 하는 목표를 이룰 수 있다.

<table>
<tr><td>내 생애 최종 목표는?</td><td colspan="2"></td></tr>
<tr><td rowspan="5">목표를 이루기 위한
나만의 전략을 세워보자</td><td>중고등학교 시절</td><td></td></tr>
<tr><td>대학시절</td><td></td></tr>
<tr><td>구체적인 실행계획</td><td></td></tr>
<tr><td>시간 확보 방안</td><td></td></tr>
<tr><td>실천계획</td><td></td></tr>
</table>

3단계는 연령대별 인생 목표를 세우는 것이다. 미래는 보이지

않고 아주 멀리 있는 것 같지만 우리는 미래를 상상할 수는 있다. 상상하는 것들이 현실로 나타난다. 현실로 나타나게 하려면 연령대별로 인생의 목표를 세워야 한다. 인생의 목표가 하나가 될 수도 있고 서너개가 될 수도 있다. 반드시 한 가지의 목표를 세워야하는 것은 아니다. 지금은 멀티잡 시대다. 20대, 30대, 40대, 50대, 60대 등 10년 단위로 인생 목표를 구성해 보자.

연령	인생 목표
20대	
30대	
40대	
50대	
60대	
70대	
80대	

4단계는 세부적인 목표를 작성한다. 매년 12월 31일 밤이면 새해를 맞으면서 소원을 빈다. '올해는 다이어트좀 해야지', '올해는 수학 점수 30점 올려야지', '올해는 친구들과 여행 다녀와야지', '고등학교 진학을 위한 공부', '대학교 진학 준비하기', '자동차 운전면허 취득하기', '정보처리사 자격 취득하기' 등 1년 안에 실행에 옮길 계획을 세운다. 매년 초에 세우는 계획들이 모이고 실행하면

서 최종목표에 도달하게 된다. 단기 계획을 세우되 연간 계획, 월별 계획, 주간 계획, 일일 계획들을 구체적이고 실천 가능한 것으로 구성한다.

단기 목표	
연간 목표	
월별 목표	
주간 목표	
일일 목표	

5단계는 인생 단계별로 계획을 세우는 것이다. 장기, 중기, 단기 계획을 세우고 그 목표들을 단계별로 이루기 위해 지금 해야 할 일과 가장 중요한 일은 무엇인지 살펴봐야 한다. 꿈을 이루기 위한 일들은 우선순위를 정해서 실행에 옮긴다. 단계별 계획은 실현 가능한 것들로 구성되어야 한다. 하루 일과 중에서 가장 중요하고 급한 일부터 처리하고 중요하지 않고 급하지도 않은 일은 시간이 날 때 하면 된다. 주어진 일에 항상 최선을 다할 수 있는 일을 우선적으로 선택하는 생활을 습관화 하자.

오늘 내가 해야 할 일은 무엇인가?	

시기별 진로 목표는 여러분들이 최종 목표를 이루기 위한 징검다리 역할을 한다. 시기별 목표를 달성하는 데 필요한 학습과정과 시간을 자세히 알아보아야 한다. 진로 로드맵은 지속적으로 관리해야 한다. 진로 목표와 관련있는 학과가 새로 생기거나 입시 전형이 바뀌면 세부적인 목표를 수정해야 한다. 또 수시로 원래 계획과 현재 실천하는 것들을 점검하며 해야 할 일과 시기별 목표를 수정하면서 나아가야 한다.

'우리는 남에게 한 벌의 옷을 줄 수도, 얻어 입을 수도 있다. 받는 과정에도 기쁨이 있지만 내 손으로 만들어 입은 옷에 비할 바가 아니다. 행복은 길에서 얻을 수 없다. 오직 내 힘으로 만들어 내는 물건이다'. 프랑스 철학자 알랭이 지은 『행복론』 중 일부이다. 즉 행복을 위한 기준이나 조건은 현실을 바라보고 있는 자신의 마음

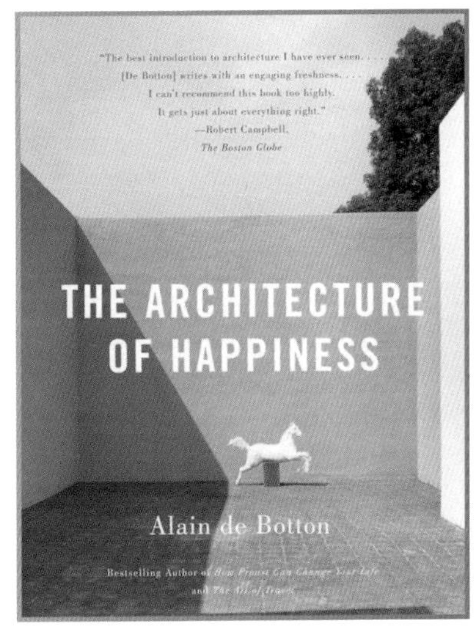

알랭의 『행복론』 표지.

에 의해 결정된다는 말이다.

행복의 기준은 사람마다 다르다. 맛있는 음식을 먹을 때, 부모님에게 용돈을 받을 때, 학교 대표로 경진대회나 스포츠 시합에 출전했을 때, 열심히 공부해서 성적이 잘 나왔을 때, 학급 회장이 되었을 때, 좋아하는 연예인을 봤을 때, 봉사활동으로 어려운 이웃을 도왔을 때, 땀 흘리며 운동 했을 때와 같이 어떤 일을 해내고 보람과 기쁨을 느꼈을 때 행복을 느낀다.

행복한 삶을 살아가기 위해서는 우리는 어떻게 해야 할까? 대부분의 사람들은 직업 활동을 통해 자신이 이루고자 하는 최종 목표를 실현하는 과정에서 보람과 만족감을 갖는다. 즉 진로 목표를 설정하고 이를 달성하기 위해 노력하는 과정 속에서 행복을 느끼는 것이다. 행복을 느끼기 위한 조건에는 내적 가치와 외적 가치

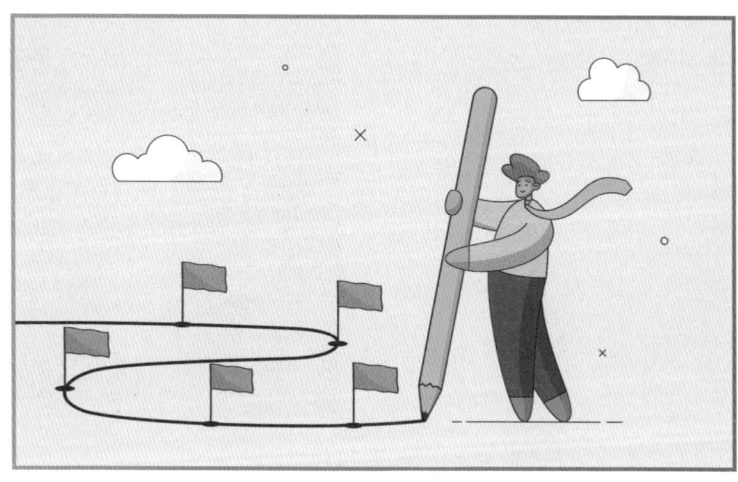

가 있다. 내적 가치는 일의 만족, 자아실현, 학문 업적, 사랑, 우정 등이고 외적 가치는 사회적 명예, 지위, 정치적 권력, 물질적 성취 등이다. 행복한 삶에 대한 기준은 개개인의 주관적인 사항이므로 스스로 기준을 세워야 한다. 즐겁게 일할 수 있을 정도로 신체가 건강해야 하고, 기본적인 생활을 할 수 있는 경제도 안정적이고, 실패나 어려움을 겪었을 때 이겨낼 수 있는 끈기와 인내심, 장래에 불안을 이겨낼 수 있는 긍정적인 생각, 이웃들과 더불어 살아갈 수 있는 대인관계 능력 등은 많은 사람들이 공통적으로 갖추고자 하는 사항들이다.

평생 행복한 삶을 이어 나가려면 자신이 좋아하고 관심 있는 일을 찾고, 그 일을 위해 진로 로드맵을 작성하고 꾸준한 노력으로 실천해 나가야 한다. 행복은 누군가가 만들어 주는 것이 아니라 자신이 스스로 만들어 가는 것이다. 즉 진로 목표가 있을 때 방향을 잡고 목표를 이루어 가는 과정이다.

3장 | 기업에서 요구하는 인재상

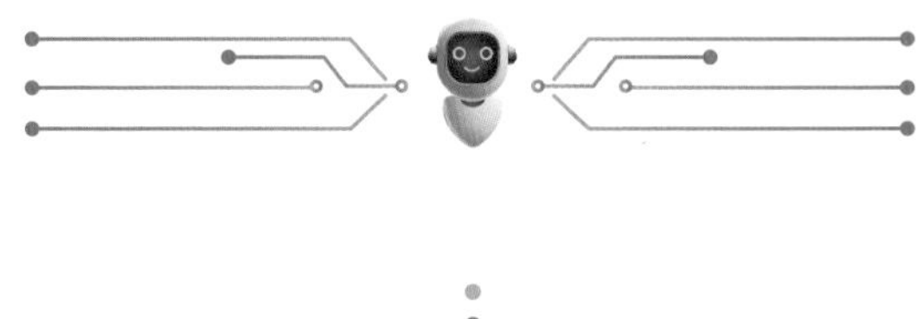

얼마 전 H기업 부장으로 근무하는 고등학교 동창 G를 만났다. 식사를 하면서 요즘 회사에서는 신규 사원을 채용할 때 기준이 무엇인지 물어봤다.

"요즘도 예전처럼 학벌을 보면서 신규 사원을 채용해?"

"꼭 그렇지는 않아. 학벌도 중요하지만 더 중요한 것은 얼마만큼 책임감을 가지고 근무할 것인지 동료들과 협력할 것인지 창의적인 아이디어는 있는지 등 각 분야에서 요구되는 역량을 갖췄는지가 중요해지고 있어. 예전에는 정말로 학벌만 가지고 채용했는데 지금은 많이 바뀌어 가고 있어."

"이력서나 자기소개서 보면 학력란이 있잖아. 그것을 보면 심사관들 마음이 흔들리지 않을까?"

"그럴 수도 있겠지. 하지만 요즘 기업들은 블라인드 채용을 하고 있고, 자기소개서에 어느 대학교 졸업했는지 작성하지 않게 되어 있어서 서류전형과 면접에서는 오로지 역량만 평가하는 방향으로 나아가는 중이야."

기업에서 인재 채용이 학벌 중심에서 역량 중심으로 변하고 있다는 얘기다. 학점, 학력, 학벌이 중요한 것이 아니라 융복합능력, 역량, 학습력, 전공, 문제 해결 능력을 갖춘 인재를 기업들이 원하고 있다는 것이다.

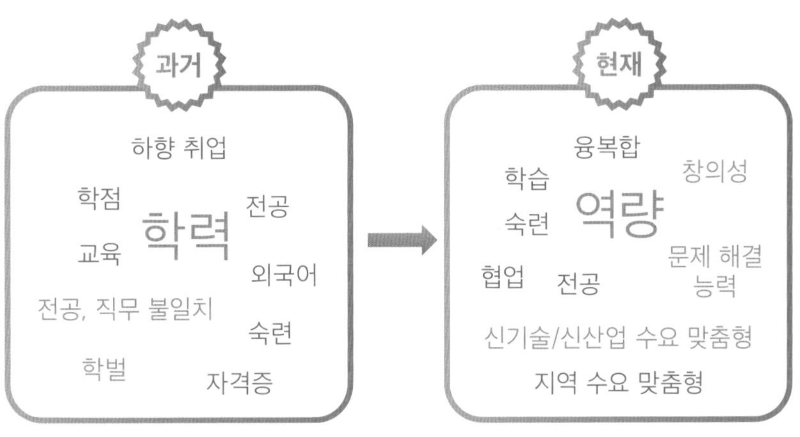

대한상공회의소에서는 2008년부터 5년 주기로 매출액 상위 100대 기업을 대상으로 인재상을 조사해서 발표하고 있다. 2023년 초에 발표된 인재상은 2018년 조사에서 중위권이었던 '책임의식'이 1위로 올라왔고, 상위권이었던 전문성이 6위로 하락했다. 또한 지난 조사에서 포함되지 않았던 '사회공헌'이 인재상으로 새롭게 등장했다.

인재상 순위 변화 추이

구분	2008년	2013년	2018년	2023년
1위	창의성	도전정신	소통·협력	책임의식
2위	전문성	책임의식	전문성	도전정신
3위	도전정신	전문성	원칙·신뢰	소통·협력
4위	원칙·신뢰	창의성	도전정신	창의성
5위	소통·협력	원칙·신뢰	책임의식	원칙·신뢰
6위	글로벌역량	열정	창의성	전문성
7위	열정	소통·협력	열정	열정
8위	책임의식	글로벌역량	글로벌역량	글로벌역량
9위	실행력	실행력	실행력	실행력
10위				**사회공헌**

출처: 대한상공회의소 「100대 기업 인재상 보고서」(2023.1.31)

연구 보고서에서는 '책임의식'이 상위권으로 올라온 것에 대해 1990년 이후 출생한 Z세대가 본격적으로 채용시장에 나섬으로 이들의 요구에 맞게 수평적 조직, 공정한 보상, 불합리한 관행 제거 등의 노력을 하면서 Z세대에게도 조직과 업무에 대한 책임의식을 요구하는 것이라고 분석하고 있다.

기업에서 신규 채용할 때 중점적으로 관찰하는 것이 책임의식, 도전정신, 소통협력, 창의성, 원칙신뢰, 전문성, 열정, 글로벌역량,

업종별 인재상 순위

구분	제조업	금융·보험업	무역·운수업	건설업	도소매업	기타 서비스업
1위	도전정신	원칙신뢰	책임의식	소통협력	책임의식	책임의식
2위	책임의식	도전정신	도전정신	도전정신	소통협력	소통협력
3위	소통협력	책임의식	소통협력	원칙신뢰	전문성	창의성
4위	창의성	소통협력	창의성	책임의식	열정	열정
5위	열정	창의성	전문성	창의성	도전정신	사회공헌
6위	원칙신뢰	전문성	열정	전문성	원칙신뢰	원칙신뢰
7위	전문성	열정	글로벌 역량	글로벌 역량	실행력	글로벌 역량
8위	실행력	글로벌 역량	원칙신뢰	열정	창의성	전문성
9위	글로벌 역량	사회공헌	실행력	실행력	사회공헌	도전정신
10위	사회공헌	실행력	사회공헌	사회공헌	글로벌 역량	실행력

출처: 상공회의소 보도자료 (2023.1.31)

실행력, 사회공헌이라고 할 수 있다. 업종별로 약간씩 차이는 있지만 10가지의 인재상은 대학교 졸업시까지는 관심을 가지고 갖춰야 할 능력들이다. 인재상 순위 5위까지 역량에 대해 챗GPT에게 물어봤다.

책임의식이란 자신의 행동과 그 결과에 대해 본인이 책임을 지고, 다른 사람이나 사회에 대해 성실하고 정직하게 행동하는 태도입니다.

책임의식을 가지면 자신의 잘못을 인정하고 개선하려고 노력하며, 다른 사람의 권리와 의무를 존중하고 협력하려고 합니다. 책임의식은 자신의 역할과 목표를 명확히 인식하고, 그에 맞는 행동을 하는 능력입니다.

도전정신을 기를 수 있을까?

도전정신을 기르는 방법은 다양합니다. 몇 가지 예시를 들어보겠습니다. 자신의 강점과 약점을 잘 파악하고, 강점을 활용하고 약점을 보완하려고 노력하세요. 새로운 것이나 어려운 것에 대해 호기심과 관심을 갖고, 도전할 수 있는 기회를 찾아보세요. 도전하는 과정에서 실패하거나 어려움에 부딪히더라도 포기하지 마시고, 원인을 분석하고 해결책을 찾으세요.

성공적인 도전자들의 사례나 조언을 참고하고, 자신의 목표와 비교하며 자기반성하세요. 도전하는 과정에서 스스로에게 적절한 목표와 보상을 설정하고, 달성할 때마다 자신을 격려하고 칭찬하세요.

소통협력역량에 대해 알려 줘.

소통협력역량이란 다른 사람과 의사소통하고 협력하는 능력입니다. 소통협력역량을 가지면 자신의 생각과 감정을 표현하고, 다른 사람의 의견과 감정을 경청하고 이해하려고 합니다. 또한, 다른 사람과 관계를 쌓고 유지하며, 공동의 목표를 위해 협력하고 조화를 이루려고 합니다. 소통협력역량은 자신과 타인을 존중하고, 다양성을 인정하고, 갈등을 해결하는 데 필요합니다.

창의성을 개발하는 방법 3가지만 알려 줘.

창의성을 개발하는 방법은 사람마다 다를 수 있습니다. 하지만 일반적으로 다음과 같은 방법들이 도움이 될 수 있습니다.

다양한 분야와 주제에 대해 배우고, 관심을 갖고, 탐구하려고 하세요. 새로운 지식과 정보는 창의적인 아이디어의 원천입니다. 자신의 생각과 상상력을 자유롭게 표현하고, 다른 사람의 피드백을 받아보세요. 자신의 창의력을 평가하고 개선할 수 있는 기회가 됩니다. 기존의 문제나 상황에 대해 새로운 관점으로 바라보고, 다양한 해결책을 모색하려고 하세요.

원칙신뢰가 무엇인지 알려 줘.

원칙신뢰란 자신의 원칙과 가치를 바탕으로 자신을 신뢰하고, 다른 사람의 원칙과 가치를 존중하며 신뢰하는 태도입니다. 원칙신뢰를 가지면 자신의 행동과 결정에 대해 확신하고 책임을 지며, 다른 사람의 행동과 결정에 대해 이해하고 지지하려고 합니다. 원칙신뢰는 자신과 타인을 믿고, 신뢰를 바탕으로 협력하고 성장하는 데 필요한 역량입니다.

2023년 상공회의소에서 발표한 기업이 요구하는 10가지 인재상을 살펴보면 수학 문제를 잘 푼다든가, 벼락치기 공부해서 얻을 수 있는 능력들이 아님을 알 수 있다. 핵심 역량들의 개념들에 대해 살펴보고 실제 생활 속에서 어떻게 적용하고 학습할 것인지 계획과 실천 습관을 갖춰야 한다.

성 프란치스코(Sanctus Franciscus Assisiensis)는 "꼭 해야 할 일부터 하라, 그다음에 할 수 있는 일을 하라."라고 말했다. 학생이면 학생에게 주어진 일을 먼저 하는 것이 순서라는 의미다. 성인이 되었다고 해서 모든 사람이 인재가 되는 것은 아니다. 학창시절 얼마나 성실하게 자신이 진로 목표를 세우고 그 꿈을 이루기 위해 노력했느냐가 중요한 것이다.

2020년 1월 스위스에서 열린 다보스 포럼.

사회나 직장에서 요구하는 인재상은 시대 변화에 따라 다르다. 시험 성적을 잘 받기 위한 공부가 아니라, 창의성과 융복합 능력 그리고 책임의식, 협업하는 능력을 키우기 위한 학습을 해야 한다.

2020년 다보스 포럼에서는 21세기를 살아갈 청소년들에게 필요한 스킬을 발표했다. 기초 소양으로는 문해력, 산술능력, 과학 소양, 컴퓨터 지식 소양, 금융 소양, 문화적인 시민 소양이고, 역량으로는 비판적 사고 역량, 창의 역량, 의사소통 역량, 협업 능력이다. 미래 사회는 복잡하고 다양하게 변화할 것이다. 복합적인 문제를 해결하는 인재가 필요한 시대다. 명문 고등학교, 명문 대학교, 돈을 잘 버는 직업을 찾다 보면 자신의 정체성도 잃게 되고 자신의 재능을 파악하지 못하고 삶을 살게 된다.

아인슈타인은 "모든 사람은 천재다, 하지만 만약 당신이 물고

기를 나무 오르는 능력으로 평가한다면 그 물고기는 평생 자신이 바보라고 믿으며 살 것이다."라고 했다. 세상에 태어난 모든 동식물에게는 그들만의 잘하는 능력이 있다. 미래를 준비하는 청소년들은 자신이 무엇을 잘하는지 찾아서 그 분야에서 다른 사람보다 탁월한 인재가 되기 위해 노력해야 한다.

다보스 포럼에서 발표한 인재상에 다가가기 위해서는 호기심, 진취성, 지구력, 적응력, 리더십, 사회문화적 의식들을 갖춰야 한다. 미래 사회가 요구하는 인재가 되는 길의 출발점은 호기심과 상상력이다. 관심 없는 분야에도 도전해보는 정신이 필요하다. 이미 짜여져 있는 편안한 길만 가서는 인공지능 시대에 적응할 수 없게 된다. 수업 시간에 얻은 지식과 디지털 기술과 연결하려는 상상과 고민이 필요한 시대인 것이다. 어떤 습관을 가지고 배우고 있느냐에 따라 성공의 길과 실패의 길로 갈라지게 된다.

가보지 않은 길은 누구나가 불안하고 가지 않으려고 한다. 그러나 다양한 분야에 호기심을 가지고 도전해서 두루두루 체험해봐야 한다. 도전해 봐야 내가 누구인지를 찾을 수 있다. 직접 체험도 중요하지만 사회 여건상 어렵다면 도서관에서 찾아도 된다. 유튜브 영상 속에서도 찾을 수 있지만 도서관에 비치된 수많은 책 속에서 찾아보길 추천한다.

학창시절 다양한 분야에 도전하는 공부가 필요하다. 삶을 살아가는 데 도움이 되는 공부를 하라는 얘기다. 모든 변화에 세심하게 관찰하면서 자신만의 영역을 만들고 전문성을 키워나가야 한다. 인공지능의 등장은 직업세계에도 지각변동을 일으키고 있다. 기계가 하지 못하는 일을 찾아야 한다. 그러기 위해서는 끊임없이 노력하고 배우는 자세가 필요하다. '공부가 세상에서 가장 싫어요'라고 말하지 말고 '새로운 것을 배우는 것이 가장 좋아요'로 생각을 바꿔보자. 탁월한 인재는 태어나는 것이 아니라 꾸준한 도전과 학습으로 만들어지는 것이다.

** 미래 인재상을 살펴 볼 수 있는 곳 **

◇ 잡코리아: www.jobkorea.co.kr

◇ 대한상공회의소: www.korchham.net

◇ 세계 경제 포럼: www.weforum.org

4장 청소년이 배워야 할 것들

"얘들아 어떤 사람이 되고 싶어?"
"어떤 일을 하면서 살고 싶니?"

"저는 돈을 많이 벌어서 부자가 되고 싶어요."

매년 3월 학기가 시작되면 진로수업 첫 시간에 질문을 한다. 대부분의 아이는 돈을 많이 벌어서 부자가 되고 싶다고 한다. 돈을 많이 벌어서 부자가 되려면 지금 해야 할 일이 뭘까? 라고 나는 다시 묻는다. 공부를 열심히 해야 한다는 아이들도 있고, 대답 없이 생각하는 아이들도 있다.

'부자'하면 어떤 것이 떠오를까? 대부분 빌 게이츠, 스티브 잡스, 마크 저커버그 등을 떠올릴 것이다. 이들은 어떻게 경제적인 부를 얻을 수 있었을까? 세계적인 부자 순위에서 오랫동안 최상위를 차지했던 마이크로소프트 창업자 빌 게이츠는 유명한 독서광으로 알려져 있다. "성공비결이 뭡니까?"라는 질문에 자신의 "성공비결은 Think Week."라고 말한다. 휴가철이면 도시를 떠나 자연이 있는 지역으로 이동하여 머무르면서 아무것도 하지 않고 생각만 한다고 한다. 이때 그는 앞으로의 계획을 세우고 풀리지 않았던 문제들을 고민한다. 한 가지 문제를 깊이있게 생각함으로써 그 문제에 대한 의문과 무게를 떨쳐내고 명확한 판단을 내리는 것이다. 일주일의 생각주간은 마이크로소프트의 미래와 연결되는 힘이 된다고 말한다

20대에 페이스북을 창업하여 세계적인 기업으로 성장시킨 마크 저커버그는 필립스 엑시터 아카데미에서 인문학을 공부했다. 이 학교는 원형 탁자에 둘러앉아 문답 형식의 토론 수업이 이루어졌다. 저커버그는 책을 읽고 이런 토론을 즐겼으며 스스로 답을 찾고 흥미로운 세상을 상상하면서 이를 현실에 실현시키고자 노력했다. 하버드대학교에 입학해서는 라틴어와 심리학을 공부하면서 다른 이들과 연결 되고 싶은 사람들의 욕구를 알게 됐다. 이를 공감하고 사고력을 넓혀 페이스북을 창업하게 된다.

얼 쇼리스(Earl Shorris)는 『인문학의 자유』에서 "여러분은 지금까지 속아왔어요. 부자들은 인문학을 배웁니다. 여러분은 배우지 않았어요. 인문학은 세상을 살아가기 위해, 중요한 사고를 위해 세

필립스 엑시터 아카데미의 문답 토론.

상에 대해 깊이 생각하는 법을 배우기 위한 토대입니다."라고 말한다. 즉, 부자와 가난한 자의 차이는 인문학을 배웠느냐 배우지 못했느냐에 달려 있다는 것이다.

성공한 사람들 보면 자신의 약점을 보완하면서 성공한 경우는 드물고 탁월한 성과는 자신의 강점을 강화시켰기에 성공할 수 있었다. 자신의 약점을 보완하기 위해 시간과 노력을 들이기보다는 강점을 잘 관리할 방법을 찾는 것이 중요한 것이다. 적성도 환경과 경험의 영향을 받으며 발달한다. 나를 제대로 파악하고 성장하기 위한 습관을 갖추는 것이 청소년들이 배워야 할 공부다.

육상선수인 우사인 볼트는 2008년 베이징올림픽, 2012년 런던올림픽, 2016년 리우올림픽 100미터 3연속 금메달을 획득했다.

한 번도 얻기 힘든 올림픽 금메달을 3회 연속으로 목에 걸었다. 볼트는 어린 시절 척추측만증으로 어깨와 골반이 평행을 이루지 못해 발을 움직일 때마다 방해를 받았지만 고강도 근육훈련과 함께 어깨를 더 흔들고 보폭을 넓히는 연습을 반복하여 이를 극복했다. 심각한 신체적 결함조차 장점으로 승화시킨 남다른 노력의 결과라고 볼 수 있다. 이렇듯 자신의 약점을 극복하고 성공한 사람들도 있다. 자신의 강점과 약점을 잘 분석해 약점은 보완하고 강점은 강화시키는 전략을 세워 나갔던 것이다.

청소년 시기에 배워야 할 것들은 꽤 많이 있다. 그 많은 것들을 계획대로 배우는 데 기초가 되는 것이 태도와 습관이다. 제자 중에 중학교 성적이 160명 중에 110등에서 120등 사이를 왔다갔다 하던 학생이 있었다. 일반 고등학교에 진학한 이 학생은 중학교 때와 완전히 다른 모습을 보여주게 된다. 고등학교 졸업할 당시 300명 중 전교 7등으로 졸업하고 장학금을 받았다. 고등학교에 진학한 이 학생에게는 어떤 일이 벌어졌을까? 중학교 때는 공부보다는 친구들과 노는 일에 관심이 많았고, 매일 운동장에서 축구만 하던 학생이었는데 고등학생이 되어서는 도서실에서 책을 읽고 방과 후 자율학습실에서 공부에 집중했다.

"중학교 때는 노는 것이 즐겁고 너무 좋았어요. 그런데 고등학교 올라가 보니 생각이 바뀌는 거예요. 고등학교 졸업하고 나는 뭘 해야 할까? 고민이 됐어요. 대학마저 진학을 못하면 고등학교 졸업하고 취업을 해야 하는데 잘 하는 것도 없고 불안했죠. 그래서 나의 생활 습관과 학습태도를 바꾸어야겠다고 굳게 마음먹고 다짐했어요."

위 학생처럼 어떠한 마음을 가지고 세상을 바라보느냐에 따라 그 결과는 하늘과 땅 차이라고 할 수 있다. 어떠한 태도와 학습 습관으로 학창 시절을 보낼 것인지 구체적인 계획을 세워야 한다.

세상을 바라보는 태도가 긍정적이면 인생이 바뀌게 된다. 에디슨이 연구실에서 연구에 몰두하고 있는데 기자가 찾아와서 물었다. "하루에 18시간이나 연구소에서 일하면 힘들지 않나요?" 이에 에디슨은 "난 평생 단 하루도 일이란 것을 해 본적이 없습니다. 모두 즐거움이었죠."라고 답을 했다. 현재 주어진 일에 긍정적으로 최선을 다하든지 아니면 불만을 가지고 최선을 다하든지 결과는 똑같다. 그러나 긍정적인 마음을 가지고 했을 때 마음의 상처를 받지 않는다. 기왕 하는 공부와 학교생활은 즐겁게 했으면 하는 바람이다. 자신에게 주어진 일에 최선을 다하는 것이 청소년에게는 행복이고 즐겁게 미래를 준비하는 방법이다.

세계적 베스트셀러 『성공하는 10대들의 7가지 습관』.

숀 코비(Sean Covey)가 지은 『성공하는 10대들의 7가지 습관』에는 '내가 바로 내 인생의 주인이다'라는 글이 있다. 링컨 대통령은 "사람은 자기가 마음먹은 만큼만 행복하다."라고

했다. 내 인생의 주인공은 바로 내 자신이어야 한다는 의미다. 여러분 주위를 둘러보면 내성적이고 조용하게 앉아 있는 친구들이 있을 것이다. 그 친구들은 조용하지만 마음 속에서는 항상 뜨거운 피가 흐르고 있을 수도 있다. 도전하려고 하고 내 삶에 내 스스로가 적극적으로 관여하려고 노력해야 한다.

『이상한 나라의 엘리스』에서 '어느 쪽으로 가야할지 가르쳐 주세요'라고 엘리스가 묻자 '네가 어디를 가고 싶으냐에 따라 다르지'라고 고양이가 답하는 장면이 나온다. '어디든지 상관없어요'라고 다시 엘리스가 말하자 고양이는 '그렇다면 어느 길을 갈지도 중요하지 않겠네'라고 답한다. 우리는 하루 동안 많은 일들을 선택하게 된다. 어떤 일을 선택할 때는 끝을 상상하며 시작해야 한다. 공부나 여행계획은 물론이고 상급학교 진학을 선택할 때도 끝을 생각해야 한다.

학교에서 길러야 하는 미래 인재의 역량을 여섯 가지로 설명해 볼 수 있다. 개념적 지식(Conceptual Knowledge), 창의성(Creativity), 비판적 사고(Critical Thinking), 컴퓨팅 사고(Computational Thinking), 융합 역량(Convergence), 인성(Character)이다.

첫째, 개념적 지식은 교과의 핵심적 내용을 의미한다. 특히 학습 결과의 전이(Transfer), 즉 단순한 정보에 그치는 것이 아닌 다른 범주와 상황에 적용할 수 있는 가치가 높은 지식을 의미한다. 쉽게 예를 들어 보자. 나라의 수도를 외우는 것은 단순한 정보 암기이기는 하다. 수도의 역사적, 사회적 의미와 가치를 이해하는 것이 더 가치가 크다. 하지만 수도를 아는 것(외우는 것)은 역사적, 사회적 의미 등 다른 범주와 상황에 적용할 가치가 높아 개념적 지식, 교과의 핵심 내용이라고 할 수 있다. 창의적 학습을 위해서는 교과의 핵심적 개념을 이해하는 것이 반드시 필요하다.

둘째, 창의성은 새로운 생각이나 개념을 찾아내거나 기존에 있던 생각이나 개념을 새롭게 조합하여 문제를 해결하는 역량을 의미한다. 사회적 수준의 창의성은 개인 수준의 문제 해결을 넘어 새롭게 문제를 인식하고 해결 과정을 찾아가면서 더 큰 보람을 만들어가는 것이다. 기존에 있는 의미를 재해석 해보는 것도 창의성을 기르는 방법이다.

셋째, 비판적 사고는 어떤 상황이나 내용에 대해 판단할 때 편향되지 않는 분석을 하거나 사실적 증거에 기반하여 평가하는 역량이다. 정보를 얻을 수 있는 형태와 매체가 더욱 다양해지는 미래 사회에서 무엇보다 중요한 역량으로 논의되고 있다. 다양한 정보와 자료를 수집하고, 분석하고, 비교할 줄 알아야 한다. 미디어나 책 속에서 찾은 정보의 출처와 신뢰도를 확인하고, 정보의 의미와 목적을 파악하고, 정보간의 관계와 차이점을 발견하려는 노력이 필요하다. 또한, 자신의 생각과 판단에 대해 근거를 제시하고, 다른 사람의 생각과 판단에 대해 질문하고, 주변 친구들과 토론하면서 자신의 견해를 이야기하고 친구들과의 견해를 조율할 줄 아는 능력이라고 할 수 있다.

넷째, 컴퓨팅 사고는 문제 상황에서 효과적인 해결을 위해 문제를 정의하고 그에 대한 답을 기술하는 것이 포함된 사고 과정 전부를 일컫는다. 다양한 문제 상황에서 문제의 분석, 자료 표현, 일반화, 모형화, 알고리즘화 등이 가능한 역량을 의미하며, 최근 데이터 리터러시, 디지털 리터러시 등으로 표현되고 있다.

다섯째, 융합 역량은 문제의 해결을 위해 내용과 방법 측면에서 여러 학문과 실제 영역의 지식과 정보를 통합적으로 적용할 수 있는 역량을 의미한다. 내용적 측면에서는 학문과 학문 간 융합, 새로운 학문의 창출, 학문과 실제 생활과의 융합이 이루어질 수 있으며, 방법적 측면에서는 인공지능, 가상현실 등을 활용한 혁신적 융합이 가능하다.

여섯째, 인성은 동양에서는 인간 본연의 성질을 의미하지만, 서양에서는 좀 더 구체적으로 사회정서역량과 같은 비인지적 역량을 의미한다. 사회정서역량은 자기인식, 자기관리, 사회적 인식, 관계 기술, 책임 있는 의사결정으로 구성되며 글로벌 문제와 공동체 의식이 강조되는 미래 사회에서 더욱 중요시될 핵심 역량이라 할 수 있다.

여기까지 여섯 가지 역량을 살펴보았다. 주의점을 하나 덧붙이자면 할 일과 안 할 일을 구별해야 한다. 중고등학교 시절이 즐거워야 하는데 힘든 이유는 목표 없이 공부만 하기 때문이다. 고등학교, 대학교 진학이 최종목적이 되어서는 안된다. 학생시절에 할 일은 뭘까? 가장 중요한 일은 수업 시간에 집중해서 듣고 예습복습하고 친구들과 사이좋게 잘 지내고 그 속에서 사회성도 배우면서 성장하는 것이다. 주어진 일에 최선을 다하지 않고 욕심만 앞서서 자신의 능력 밖인 것까지 하려고 덤비다 보면 탈이 나게 된다. 완성도 못하고 포기하게 된다. 시험공부 계획을 세울 때에도 할 수 있는 만큼만 계획을 세워서 실행에 옮기고 목표를 달성하는 성공의 기쁨을 가져야 한다. 독서도 일주일에 10시간을 읽어야지 보다는 하루에 10분씩만 읽어야지 라며 할 수 있는 목표를 정해놓고 하는 것이 평생 좋은 습관이 된다.

기회는 누구에게나 주어진다. 그러나 그 기회를 누구나 가질 수는 없다. 나쁜 습관을 가지고 있다면 좋은 기회를 잡을 수가 없다. 기회를 놓쳐버리고 땅을 치고 울며 후회해봤자 아무 소용없다. 긍정적인 태도와 올바른 습관을 가지고 항상 준비되어 있어야 한다. 항상 준비된 자만이 성공이라는 것을 이루게 된다. 자신이 하고 싶은 분야에서 성공한다는 것은 평소의 올바른 태도와 습관을 잘 관리하며 살았다는 결과물이다. 자신의 꿈과 목표를 설정하고 자신에게 맞는 학습 방법을 찾아서 꾸준히 노력해야 한다. 학교에서 배우는 공부가 항상 기본이 되어야 한다. 3월 개학하고 한 달도 안되어서 교과서를 잃어버리는 학생들이 많다. 필기도구도 없는 학생들도 있다. 기본을 제대로 지키지 않으면 성장할 수 없다. 항상 기본에 충실한 학교생활을 해야 한다. 다양한 경험과 독서 체험이 학력신장에도 도움이 되는 것이다.

참고 문헌

저서

- 『2022 개정 교육과정 질의 응답 자료』 교육부, 2022.12.22.
- 『챗GPT 활용 AI 교육 대전환』 류태호, 포르체, 2023.07.
- 『2029 기계가 멈추는 날』 케리 마커스, 어니스트 데이비스, 비즈니스북스, 2021.06.
- 『챗GPT 교육혁명』 정제영, 조현명, 황재운, 문명현, 김인재, 포르체, 2023.05.
- 『직업의 종말』 테일러 피어슨, 부키㈜, 2017.09.
- 『로봇의 부상』 마틴 포드, 세종서적, 2016.03.
- 『일자리 혁명 2030』 박영숙, 레롬 클렌, 비즈니스북스, 2017.06
- 『인공지능 마음을 묻다』 김선희, 한겨레출판, 2021.08.
- 『인공지능 쫌 아는 10대』 오승현, 풀빛, 2019.01.
- 『로보포 칼립스』 대니얼 H, 윌슨, 문학수첩, 2011.12.
- 『AI는 인문학을 먹고 산다』 한지우, 미디어숲, 2021.11.
- 『미래학자의 인공지능 시나리오』 최윤식, ㈜대성 코리아컴, 2016.10.
- 『10대를 위한 세계미래보고서 2035~2055』 박영숙, 제롬 글렌, 교보문고, 2023.01.

논문

- 「인공지능 리터러시 기반의 설명가능한 인공지능 교육 프로그램 효과」 정기민, 인공지능연구전문지Vol.3.NO.1. 2022.03.

AI
AI